Malte Mienert · Sabine Pitcher

Pädagogische Psychologie

Basiswissen Psychologie

Herausgegeben von
Prof. Dr. Jürgen Kriz

Wissenschaftlicher Beirat:
Prof. Dr. Markus Bühner, Prof. Dr. Thomas Goschke, Prof. Dr. Arnold Lohaus,
Prof. Dr. Jochen Müsseler, Prof. Dr. Astrid Schütz

Die neue Reihe im VS Verlag: Das Basiswissen ist konzipiert für Studierende und Lehrende der Psychologie und angrenzender Disziplinen, die Wesentliches in kompakter, übersichtlicher Form erfassen wollen.

Eine ideale Vorbereitung für Vorlesungen, Seminare und Prüfungen: Die Bücher bieten Studierenden in aller Kürze einen fundierten Überblick über die wichtigsten Ansätze und Fakten. Sie wecken so Lust am Weiterdenken und Weiterlesen.

Neue Freiräume in der Lehre: Das Basiswissen bietet eine flexible Arbeitsgrundlage. Damit wird Raum geschaffen für individuelle Vertiefungen, Diskussion aktueller Forschung und Praxistransfer.

Malte Mienert
Sabine Pitcher

Pädagogische Psychologie

Theorie und Praxis
des Lebenslangen Lernens

VS VERLAG

Bibliografische Information der Deutschen Nationalbibliothek
Die Deutsche Nationalbibliothek verzeichnet diese Publikation in der
Deutschen Nationalbibliografie; detaillierte bibliografische Daten sind im Internet über
<http://dnb.d-nb.de> abrufbar.

1. Auflage 2011

Alle Rechte vorbehalten
© VS Verlag für Sozialwissenschaften | Springer Fachmedien Wiesbaden GmbH 2011

Lektorat: Kea S. Brahms

VS Verlag für Sozialwissenschaften ist eine Marke von Springer Fachmedien.
Springer Fachmedien ist Teil der Fachverlagsgruppe Springer Science+Business Media.
www.vs-verlag.de

Das Werk einschließlich aller seiner Teile ist urheberrechtlich geschützt. Jede Verwertung außerhalb der engen Grenzen des Urheberrechtsgesetzes ist ohne Zustimmung des Verlags unzulässig und strafbar. Das gilt insbesondere für Vervielfältigungen, Übersetzungen, Mikroverfilmungen und die Einspeicherung und Verarbeitung in elektronischen Systemen.

Die Wiedergabe von Gebrauchsnamen, Handelsnamen, Warenbezeichnungen usw. in diesem Werk berechtigt auch ohne besondere Kennzeichnung nicht zu der Annahme, dass solche Namen im Sinne der Warenzeichen- und Markenschutz-Gesetzgebung als frei zu betrachten wären und daher von jedermann benutzt werden dürften.

Umschlaggestaltung: KünkelLopka Medienentwicklung, Heidelberg
Druck und buchbinderische Verarbeitung: Ten Brink, Meppel
Gedruckt auf säurefreiem und chlorfrei gebleichtem Papier
Printed in the Netherlands

ISBN 978-3-531-16945-3

Inhalt

1 Vorwort – Ein Überblick über das Buch 9

2 Pädagogische Psychologie – was ist das eigentlich? 11
2.1 Die Pädagogische Psychologie zwischen Pädagogik und Psychologie 12
   2.1.1 Die Definitionen von Pädagogik und Psychologie 12
   2.1.2 Der Begriff „Erziehung" 13
   2.1.3 Das Gegenstandsgebiet der Pädagogischen Psychologie 14
   2.1.4 Die Aufgaben der Pädagogischen Psychologie 15
2.2 Ein kurzer Blick in ihre Geschichte 17
2.3 Forschungsmethoden der Pädagogischen Psychologie 18
   2.3.1 Unterrichtsforschung 19
   2.3.2 Die PISA-Studien 20
   2.3.3 Entwicklung von Bildungsangeboten und Interventionsmaßnahmen 21
   2.3.4 Grundzüge der Evaluation von Bildungsangeboten und Trainingsmaßnahmen 23
2.4 Zusammenfassung und weiterführende Literatur 23

3 Entwicklung als Handeln im Kontext – ein neuer Blick auf das Lernen 25
3.1 Eine Einführung in die handlungsorientierte Entwicklungspsychologie 25
3.2 Theorieklassen menschlicher Entwicklung 25
3.3 Leitsätze einer Entwicklungspsychologie der Lebensspanne 27
3.4 Entwicklung als Handeln im Kontext 28
3.5 Zusammenfassung und weiterführende Literatur 31

4 Der Lernende im Zentrum 33
4.1 Was ist Lernen? 33
4.2 Lernen als Verhaltensänderung 33
   4.2.1 Lernen als Wissenserwerb 35

4.3 Führenden Paradigmen der Lernforschung	37
4.3.1 Die Bedeutung behavioristischer Lerntheorien in der Pädagogik	40
4.3.2 Die Spezifik kognitivistischer Lerntheorien	43
4.3.3 Forderungen an Lernunterstützung aus konstruktivistischer Sicht	47
4.4 Die Lehrkraft im Spiegel der Paradigmen des Lernens	49
4.5 Zusammenfassung und weiterführende Literatur	51
5 Individuelle Interessen – Die Zielorientierungen und Motive von Lernenden	**53**
5.1 Welche Ziele verfolgen Lernende?	53
5.1.1 Lernziele und Leistungsziele	54
5.1.2 Lernmotive und Lernmotivation	57
5.1.3 Die Beschreibung von Annäherungs- und Vermeidungszielen	58
5.1.4 Emotionen beim Lernen	60
5.2 Wie funktioniert selbstgesteuertes Lernen?	62
5.2.1 Bildungsprozesse als Selbststeuerung von Lernern	62
5.2.2 Einsatz und Messung von Lernstrategien beim selbstgesteuerten Lernen	63
5.2.3 Die Rolle der Lehrkraft im selbstgesteuerten Lernen	64
5.3 Zusammenfassung und weiterführende Literatur	66
6 Erziehungs- und Unterrichtsziele – Die Lernumwelt und ihre Anforderungen	**69**
6.1 Gesellschaftliche Erziehungsziele unter der Lupe	69
6.2 Lernen als gesamtgesellschaftliche Aufgabe	70
6.3 Erziehungsziele – der Blick auf ihre Planung und Umsetzung	71
6.3.1 Die Unterrichtsziele in der Schule	73
6.3.2 Die Begründung von Erziehungszielen	75
6.3.3 Die Erziehungsziele von Eltern	78
6.4 Die Psychologie der Lehrkraft	79
6.4.1 Auf der Suche nach der guten Lehrkraft – die Paradigmen der Lehrerforschung	79
6.4.2 Die Lehrerpersönlichkeit im Persönlichkeitsparadigma	81
6.4.3 Das Lehrerverhalten im Prozess-Produkt-Paradigma	83
6.4.4 Der Blick auf Lehrexperten – Das Expertenparadigma	84

6.4.5 Die Wirkung impliziter Persönlichkeitstheorien
von Lehrkräften auf die Leistungen von Schülern — 85
6.4.6 Die Attribution von Schülerleistungen — 88
6.5 Mehr als nur die Lehrkraft: Wie können Lernumgebungen ökopsychologisch beschrieben werden? — 89
6.6 Kulturelle Aspekte von Lehren und Lernen — 93
6.7 Zusammenfassung und weiterführende Literatur — 95

7 Individuelles Leistungsvermögen – Die Psychologie von Lernenden — 97
7.1 Kognitive Leistungsvoraussetzungen des Lernens unter der Lupe — 97
  7.1.1 Die Entwicklung des Denkens — 98
  7.1.2 Die Beschreibung des menschlichen Gedächtnisses — 102
  7.1.3 Entwicklungsprozesse des menschlichen Gedächtnisses — 104
  7.1.4 Denken und Gedächtnis beim Aufbau von Wissensstrukturen — 106
7.2 Intelligenz, Hochbegabung, Expertise – Vom Umgang mit Unterschiedlichkeit — 109
  7.2.1 Die Intelligenz von Lernenden — 109
7.3 Das Phänomen Hochbegabung — 114
  7.3.1 Die Entwicklung von bereichsspezifischem Wissen (Expertise) — 117
7.4 Zusammenfassung und weiterführende Literatur — 119

8 Der Lebensverlauf – Lernen ein Leben lang — 121
8.1 Aktuelle Trends – Das lebenslange Lernen im Blick — 121
8.2 Lernen im Kleinkindalter — 123
8.3 Schulisches Lernen und Erwachsenenbildung im Vergleich — 124
8.4 Erwachsenenbildung im Fokus — 125
8.5 Lernen im höheren Lebensalter — 127
8.6 Zusammenfassung und weiterführende Literatur — 128

9 Lebenswelten von Lernenden – Anwendungsfelder der Pädagogischen Psychologie — 131
9.1 Beruf: Pädagogischer Psychologe — 131
9.2 Pädagogisch-psychologische Diagnostik — 132
  9.2.1 Grundlagen der pädagogisch-psychologischen Diagnostik — 132
  9.2.2 Die Bedeutung von Normen in der Psychodiagnostik — 133

9.3 Pädagogisch-psychologische Intervention in der Schule 135
9.4 Fortbildung und Trainingsmaßnahmen 136
9.5 Beratung 138
9.6 Familienbildung 139
9.7 Zusammenfassung und weiterführende Literatur 140

10 Literaturverzeichnis 143

1 Vorwort – Ein Überblick über das Buch

„Studierende wurden über ihre Studiengewohnheiten befragt. Es sollte herausgefunden werden, wie die Motivation das Studienverhalten beeinflusst. Als Ergebnis zeigte sich, dass hoch motivierte Studenten <u>weniger</u> an Gruppenarbeiten teilnahmen als weniger motivierte Studenten."

„Durch Beobachtung von Eltern mit Säuglingen wollte man herausfinden, wie Eltern mit ihren Säuglingen in den ersten drei Lebensmonaten sprechen. Ein Ergebnis war, dass Eltern im Laufe der Zeit immer sicherer wurden und dabei immer <u>mehr</u> Babysprache verwenden (wau-wau, da-da ...)."

Das weiß doch jeder? Wie hätten Sie geantwortet? Langfeldt (1989, 1991) hat solche Alltagsfragen verwendet, um herauszufinden, wie pädagogisch-psychologisches Wissen im Alltag verankert ist. Seine Versuchspersonen – Studierende der Pädagogik und Fachleute – sollten antworten, ob die dargestellten Befunde von den Befragten genauso vorhergesagt worden wären oder ob die Befragten das Gegenteil der dargestellten Aussage vorhergesagt hätten. Das Antwortverhalten der Befragten wurde dann tatsächlichen Studienbefunden gegenübergestellt. Deutlich wurde eins: Pädagogikstudierende wie auch Experten von Pädagogik und Pädagogischer Psychologie waren fest in ihren Überzeugungen zu den dargestellten Befundberichten – und lagen nahezu genauso häufig richtig wie auch falsch. Hätten Sie gewusst, dass die erste Aussage oben falsch und die zweite Aussage wahr ist? Und wie sicher sind solche uneingeschränkten Befunddarstellungen aus wissenschaftlichen Untersuchungen tatsächlich ableitbar? Kann man denn so eindeutig „richtige" und „falsche" Aussagen über komplizierte Sachverhalte treffen? Selbst die Befunddarstellungen von Langfeldt (1989, 1991) blieben nicht ohne Kritik von Kollegen (Giesen & Kloft, 1991).

Vielleicht wird an dieser Stelle bereits deutlich, in welchem Spannungsfeld zwischen Alltags- und Erfahrungswissen einerseits und Anspruch an Wissenschaftlichkeit und Exaktheit psychologischer Forschung andererseits die Pädagogische Psychologie angesiedelt ist. Sie bemüht sich um die wissenschaftliche Untermauerung erzieherischen Wissens – und bewegt sich damit in einem Feld, in dem fast jeder sich alltagserprobte, intuitive Fachkenntnisse zugesteht.

Ziel unseres Buches ist es, Sie in die pädagogische Psychologie zu begleiten und Sie für den Fachdiskurs über erzieherische Themen zu stärken. Wir wollen Sie mit den Grundbegriffen der Pädagogischen Psychologie vertraut machen und dabei die unterschiedlichen Sichtweisen auf unser Themengebiet verdeutlichen, ohne Sie dabei dogmatisch zu führen. Leitbild wird dabei ein Verständnis menschlicher Entwicklung sein, das als „Handeln im Kontext" gekennzeichnet wird. Der Mensch gestaltet seine Entwicklung anhand eigener Ziele und Wünsche, ist aktiv und baut sich Wissensbestände und Verhaltensmöglichkeiten beim Lernen auf. Dabei ist er jedoch nicht völlig frei, sondern bewegt sich beim Lernen in einem Kontext innerer Leistungsvoraussetzungen (körperliche und geistige Ausgangsbedingungen) genauso wie in einem Kontext äußerer Bedingungen (Erziehungsziele der Gesellschaft und Umweltbedingungen), die ihn beim Lernen begleiten, sein Lernen befördern, erschweren oder unmöglich machen. Diesen Kontextfaktoren ist der Lernende[1] jedoch nicht ausgeliefert, er kann sie beeinflussen, seine inneren Leistungsvoraussetzungen verändern und die Lernumwelt entsprechend seiner Lerninteressen gestalten.

---

[1] Wir möchten an dieser Stelle darauf hinweisen, dass wir an vielen Stellen in diesem Buch der besseren Lesbarkeit halber nur die männliche Schreibweise verwenden, wenn es keine geschlechtsneutrale Alternative gibt. Dabei sind, wenn nicht anders angegeben, in der Regel die weiblichen Mitglieder der betreffenden Gruppen ausdrücklich mit einbezogen.

2 Pädagogische Psychologie – was ist das eigentlich?

Fragen Sie Fachleute – Psychologen wie auch Pädagogen – nach ihrer Einschätzung der Pädagogischen Psychologie, und Sie werden erstaunt sein, wie unterschiedlich die Auffassungen von ihr sein werden. Von „Schulpsychologie" über „Alltagspsychologie", „geringe Anforderungen an Wissenschaftlichkeit", „hoher Gebrauchswert für den Alltag", „interessant" und „nicht naturwissenschaftlich" wird viel dabei sein. Während einige die Pädagogische Psychologie als die „einzige Psychologie, die für Nicht-Psychologen interessant ist" bezeichnen, siedeln andere sie noch immer als Randgebiet der Entwicklungspsychologie an, die für Schulpraktiker, aber nur für diese, Relevanz besitzt. Geändert hat sich die Einschätzung der Pädagogischen Psychologie in den letzten Jahren langsam durch die zunehmende Bedeutung der Bildungsforschung im Zuge von PISA und Co.

Die „wissenschaftliche Erforschung der psychologischen Seite von Erziehung", so lautet die Definition der Pädagogischen Psychologie, hat wichtige Erkenntnisse für die Gestaltung von Lehr- und Lernumgebungen geliefert. Die wissenschaftliche Exaktheit ihrer Untersuchungsmethoden und die hohe Aussagekraft ihrer Befunde hat der Pädagogischen Psychologie neues, großes Selbstbewusstsein verschafft. Wir werden uns in den nächsten Abschnitten die Definition Pädagogischer Psychologie genauer ansehen und für ihr Verständnis einen ihrer Grundbegriffe näher erläutern – den Begriff der Erziehung. Nach einem kurzen Rückblick in die Geschichte der Pädagogischen Psychologie werden wir ihre Anwendungsfelder in den Blick nehmen und dabei von der ursprünglichen „Schulpsychologie" auf alle Altersbereiche Lernender und Lehrender erweitern. Die Forschungsmethoden der Pädagogischen Psychologie werden im Überblick dargestellt und neue Forschungstrends aufgezeigt.

2.1 Die Pädagogische Psychologie zwischen Pädagogik und Psychologie

2.1.1 Die Definitionen von Pädagogik und Psychologie

Zwei Wissenschaftsgebiete sind im Begriff der „Pädagogischen Psychologie" miteinander vereint. Die Schnittstellenfunktion zwischen Pädagogik und Psychologie wird bereits an dieser Stelle deutlich:

> Pädagogik: Die Wissenschaft von der Bildung und Erziehung des Menschen.
> Psychologie: Die Wissenschaft vom Erleben und Verhalten des Menschen.

Merken Sie etwas? So ähnlich beide Definitionen auf den ersten Blick auch klingen mögen, Psychologie und Pädagogik unterscheiden sich in erster Linie im Ausgangspunkt ihrer Betrachtungen. Während Pädagogen den Prozess der zielorientierten und häufig auch angeleiteten Veränderungen des Menschen in Bildungskontexten in den Blick nehmen, betonen die Psychologen zunächst die Ausgangsbedingungen, die ein Mensch für seine Bildungs- und Lernprozesse mitbringt. Kurz – und auch überspitzt gesagt – gilt somit: Psychologen sagen, wie der Mensch ist, Pädagogen sagen, wie der Mensch sein sollte und wie man ihn dazu bringt, so zu sein. In Fachdiskussionen zwischen Experten beider Disziplinen ist somit genau darauf zu achten, dass beide Ebenen nicht miteinander vermischt werden. Geht es jetzt gerade darum, wie der einzelne Mensch eigentlich ist, wie seine Lernvoraussetzungen und Handlungsmöglichkeiten sind, oder geht es eher darum, was Menschen im Allgemeinen erreichen müssen und sollen? Bei der Diskussion eines einzelnen Schülers kann diese Frage schnell zu einem Glaubenskrieg werden. Vor der Pädagogik wie auch der Pädagogischen Psychologie steht außerdem die bisher noch ungenügend bewältigte Anforderung, die Einschränkung erzieherischen Handelns auf die Altersgruppe der Kinder zu überwinden. Schon scheint der Titel „Pädagogik" nicht mehr zu passen, da Pädagogik direkt übersetzt „Knabenführung" bedeutet und eine Altersdifferenz zwischen Erzieher und zu Erziehenden festschreibt. Auf die gesamte Lebensspanne ausgerichtete Begriffsalternativen wie „Instruktionspsychologie" und „Bildungswissenschaften" ist es bisher noch nicht gelungen, den traditionellen Pädagogik-Begriff aus den Definitionen und dem Denken der Fachdisziplinen zu verdrängen. Auch wenn allgemein einer Ausweitung auf die Betrachtung lebenslangen Lernens zugestimmt wird, so sind die Forschung wie auch die Ausbildung in Pädagogik und Pädagogischer Psychologie nach wie vor überwiegend auf die Altersgruppe der Kinder und Jugendlichen ausgerichtet.

2.1.2 Der Begriff „Erziehung"

Der Begriff der Erziehung stellt ein wichtiges Definitionsmerkmal Pädagogischer Psychologie und gleichzeitig ein Bindeglied zwischen den Fachtraditionen der Pädagogik und der Psychologie dar. Brezinka (1974, S. 98) hat den Begriff wie folgt definiert:

> „Erziehung umfasst alle Handlungen, durch die Menschen versuchen, das Gefüge der psychischen Dispositionen anderer Menschen in irgendeiner Weise dauerhaft zu verbessern oder seine als wertvoll erachteten Komponenten zu erhalten oder die Entstehung von Dispositionen, die als schlecht bewertet werden, zu verhüten."

Erziehung stellt also einen Prozess dar, kein Ergebnis von Handlungen („X hat eine gute Erziehung"). Dieser Prozess ist ein aktives Geschehen, das zielorientiert und wertbezogen verläuft. Gerade die Zielorientierung im erzieherischen Handeln, die sich an bestimmten Wertmaßstäben orientiert, hat zu vielen Diskussionen über die Rechtmäßigkeit erzieherischen Handelns geführt. Dürfen Menschen überhaupt andere Menschen beeinflussen und ändern wollen? Gilt dies bei Erziehung von Kindern genauso wie bei erzieherischem Handeln innerhalb einer Altersstufe (z. B. in der Erwachsenenbildung)? Was rechtfertigt Erziehungsziele, wann sind sie angemessen, wann sind sie falsch? Vieles gilt es beim Erziehungsbegriff zu beachten, und sachliche und ideologische Stolpersteine finden sich reichlich:

Erziehung ist effektbezogen: Der Prozess der Erziehung im engeren Sinne ist das Handeln von Menschen gegenüber anderen Menschen, mit dem die eine Seite bei der anderen bestimmte Ziele verwirklichen möchte. Hieraus speist sich für die Erziehenden gegenüber den zu Erziehenden (die manchmal auch als „Edukanten" bezeichnet werden) die Last großer Verantwortung. Erziehungsziele sind genau zu überlegen und gut zu begründen.

Erziehung ist intentional: Die Absichten, die ein Erzieher gegenüber einem Edukanten hat, sollten stets offen gelegt werden und diskutiert werden können. Eine Beeinflussung des Gegenübers ohne dessen Wissen kommt Machtausübung und Manipulation nahe.

Erziehung ist wertbezogen: Die Erziehungsziele sind grundsätzlich von einer Haltung gegenüber dem zu Erziehenden bestimmt, die es zu ergründen und offenzulegen gilt. Die Werte der Erzieher sind häufig Teil eines größeren erzieherischen Wertgefüges, das dann auch als Erziehungsideologie bezeichnet werden kann. Gesellschaftlich vorherrschende Erziehungsideologien einer

Zeitepoche oder einer Gemeinschaft nehmen auf alles erzieherische Handeln Einfluss.

Erziehung ist alters- und gruppenunabhängig: An dieser Stelle befreit sich die Pädagogische Psychologie aus der Konzentration auf die Altersgruppe der Schulkinder. Erziehung im Sinne der oben definierten Einflussnahme kann in allen Altersgruppen stattfinden und kann auch die klassischen Altersvorgaben sprengen.

Erziehung ist dauerhaft ausgerichtet: Ziel des erzieherischen Handelns sind zumeist auf Dauer angelegte Veränderungen beim Edukanten. Diese Veränderungen werden nicht immer so erreicht, aber immer so intendiert. Damit steht die Erziehung im Einklang mit üblichen Definitionen von Lernen, in denen ebenfalls länger dauernde Veränderungen in Wissen und Verhalten von Menschen betont werden.

Erziehung ist normorientiert: Der Begriff der Norm ist so vielschichtig, dass er eigener Erläuterungen in Kapitel 9.2.2 bedarf. Die in der Schule nach Beschluss der Kultusministerkonferenz nach wie vor vorherrschende Kriteriumsnorm (als sachlicher Abstand zu einem vorformulierten Lernziel) hat Konkurrenz durch weitere Normen erhalten. Allen gemeinsam ist jedoch, dass es einen Maßstab beim erzieherischen Handeln dafür geben muss, inwiefern es zwischen dem Erziehungsziel und dem tatsächlichen Ist-Stand beim Edukanten Übereinstimmungen oder Diskrepanzen gibt.

2.1.3 Das Gegenstandsgebiet der Pädagogischen Psychologie

Die Pädagogische Psychologie hat es sich zum Ziel gemacht, die psychologische Seite von Erziehungsprozessen zu erforschen. Sie bleibt dabei ihrer Hauptdisziplin – der Psychologie als der Lehre vom Erleben und Verhalten von Menschen – verhaftet und fragt, inwieweit der Mensch in seinem Erleben und Verhalten tatsächlich erzieherisch beeinflussbar ist und wie Erziehungsverhalten gestaltet sein muss, damit es der Psyche des Menschen angemessen ist. Das Gegenstandsgebiet der Pädagogischen Psychologie sind demzufolge Prozesse der Einflussnahme auf Menschen. Diese Prozesse der Einflussnahme müssen dabei nicht unbedingt immer bewusst und planvoll geschehen, und nicht immer müssen die Versuche der Einflussnahme tatsächlich auch erfolgreich sein, um zum Gegenstand der Pädagogischen Psychologie zu werden. Zum besseren Verständnis wieder ein paar Begriffsbestimmungen:

> Als „Erziehung im engeren Sinne" werden alle Prozesse der Einflussnahme auf Menschen bezeichnet, die bewusst und planvoll erfolgen und auf längerfristige Veränderungen abzielen.
>
> Als „Sozialisation" werden die indirekten Prozesse bezeichnet, die ebenfalls längerfristige Veränderungen beim Menschen bewirken, ohne dass sie bewusst und planvoll mit Veränderungsabsicht initialisiert wurden. „Sozialisation" (auch als das „Hineinwachsen in gesellschaftliche Rollen" definiert) ist also ein Prozess, der in der alltäglichen Auseinandersetzung des Menschen mit den Anforderungen seiner Umwelt stattfindet.

Beide Prozesse gehören zum Gegenstandsgebiet der Pädagogischen Psychologie, obgleich die Erziehungsprozesse in der pädagogisch-psychologischen Forschung und Literatur weit stärker präsent sind als die Sozialisationsprozesse – wahrscheinlich eine Folge ihrer besseren Operationalisierbarkeit.

Der Kontext, in dem Menschen lernen und sich verändern, ist vielschichtig und beschränkt sich keineswegs auf pädagogisch arrangierte Umwelten wie Kindertagesstätte, Schule und die Institutionen der Erwachsenenbildung. Zum Gegenstandsgebiet der Pädagogischen Psychologie gehören somit:

- die lernende Person selbst mit ihren Veränderungsprozessen, die selbstgesteuert oder fremdgesteuert sein können
- die pädagogisch arrangierte Umwelt in den Bildungsinstitutionen
- die natürliche Umwelt außerhalb der Bildungsinstitutionen
- die Personen der Lehrenden (Lehrkräfte, Eltern, Pädagogische Fachkräfte)
- die Medien der Wissensvermittlung.

Die Betrachtung von Medien im pädagogischen Prozess wird aus Gründen der knappen Darstellung im vorliegenden Buch keinen Platz finden. Eine gute Übersicht dazu findet sich bei Weidenmann (2001).

2.1.4 Die Aufgaben der Pädagogischen Psychologie

Um die Aufgaben der Pädagogischen Psychologie gibt es durchaus fachliche Kontroversen. Durch das Spannungsfeld zwischen Pädagogik und Psychologie und die zum Teil herrschenden Diskrepanzen zwischen erzieherischer Praxis im Alltag und wissenschaftlichem Anspruch der Forschung ist die Pädagogi-

sche Psychologie immer wieder neu gefordert, ihre Aufgaben zu beschreiben und zu erfüllen. Zwei Aufgaben stehen dabei im Vordergrund:
Die Bereitstellung technologischen Wissens: die Pädagogische Psychologie stellt Erkenntnisse und Ergebnisse psychologischer Forschung für die Erziehungs- und Unterrichtspraxis zur Verfügung.
Die Erweiterung von Grundlagenwissen: sie beschränkt sich dabei nicht nur auf das bereits bestehende psychologische Wissen, sondern erweitert es durch systematische empirische Forschung.

Lehrkräfte können aus den Erkenntnissen der Pädagogischen Psychologie somit zum Beispiel:

- ein erhöhtes Wissen über soziale Zusammenhänge in Schulklassen und das Verhalten von Individuen in Gruppen erlangen;
- Handlungsmöglichkeiten für Schüler aufzeigen, die psychologisch fundiert das Lernen unterstützen;
- Lernstrategien vermitteln, die Selbstbildungsprozesse befördern können;
- das eigene Verhalten im Unterricht besser reflektieren;
- mit Unterrichtsstörungen und Verhaltensauffälligkeiten bei Schülern psychologisch adäquat umgehen.

Die Pädagogische Psychologie ist jedoch nicht nur ein Dienstleister für die Pädagogik, die immer dann gerufen wird, wenn pädagogisches Wissen nicht ausreicht. Sie soll darüber hinaus durch die Anwendung wissenschaftlich-psychologischer Forschung Diagnosen und Prognosen in Erziehungskontexten ermöglichen, Beratung und Intervention unterstützen, Programme im Bildungswesen evaluieren und Empfehlungen zu deren Umsetzung geben sowie bestehendes Wissen über den Menschen im Bildungs- und Erziehungsprozess erweitern.

Die Pädagogische Psychologie steht in enger Interaktion mit den anderen psychologischen Disziplinen, aus denen sie Erkenntnisse entnimmt oder für die sie Erkenntnisse bereitstellt. Insbesondere die Nähe der Pädagogischen Psychologie zur Entwicklungspsychologie wird mitunter so stark betont, dass beide Fächer synonym genannt werden. Dabei wird jedoch vergessen, dass die Abhängigkeit von Erziehungs- und Bildungsprozessen von Alter und Entwicklungsstand zwar ein wichtiger, aber keineswegs der einzige Ausgangspunkt Pädagogisch-Psychologischer Forschung ist. Zum Beispiel im Hinblick auf die Planung und Evaluation von Interventionsmaßnahmen sind Pädagogische Psychologie und Klinische Psychologie stark benachbart. Sie unterscheiden sich jedoch durch ihr Störungsverständnis. Die Klinische Psychologie nimmt die außerhalb der Normalität menschlichen Erlebens und Verhaltens angesiedelten

Phänomene in den Blick und beschreibt ihre Ursachen und Folgen anhand von Störungsmodellen. Die Pädagogische Psychologie teilt dieses klinische Störungsverständnis nicht, sondern beschreibt Präventionen und Interventionen in der „normalen" Erziehungspraxis, wobei der Begriff der Normalität dabei sehr weit ist und genauerer Definitionen bedarf.

2.2 Ein kurzer Blick in ihre Geschichte

„Erstes und letztes Ziel unserer Didaktik soll es sein, die Unterrichtsweise aufzuspüren, und zu erkunden, bei welcher die Lehrer weniger zu lehren brauchen, die Schüler dennoch mehr lernen; in den Schulen weniger Lärm, Überdruss und unnütze Mühe herrschen, dafür mehr Freiheit, Vergnügen und wahrhaftiger Fortschritt."

Kommt Ihnen dieses Zitat modern und zeitgemäß in unserer aktuellen Bildungsdebatte vor? Es stammt von Comenius (2007, Orig. 1657), einem der großen Bildungsforscher, der von 1592 bis 1670 lebte. Schon damals haben sich Menschen wie er darüber Gedanken gemacht, wie schulische Bildungs- und Erziehungsprozesse so gestaltet werden können, dass sie der Psychologie (auch wenn dieses Wort noch nicht benutzt wurde) des Menschen bestmöglich entgegenkommen. Die Empfehlungen, die Comenius in seinen Werken gab, klingen nach wie vor zeitgemäß und bleiben leider häufig auch immer noch unerfüllt.

> „Die Schule selbst soll eine liebliche Stätte sein, von außen und von innen den Augen einen angenehmen Anblick bieten: Innen ein helles, sauberes Zimmer, das rundherum mit Bildern geschmückt sein soll (...). Draußen soll nicht nur ein Platz vorhanden sein zum Springen und Spielen, denn dazu muss man den Kindern Gelegenheit geben (...), sondern auch ein Garten, in den man sie ab und zu schicken soll, dass sie sich am Anblick der Bäume, Blumen und Gräser freuen können." Comenius „Didactica magna" (Comenius, 2007, Orig. 1657)

In seiner Tradition haben viele Didaktiker, Psychologen und Pädagogen die Erziehungsrealität in den Blick genommen und Veränderungen in der pädagogischen Praxis eingefordert. Einige von ihnen gelten auch als Gründerväter der Pädagogischen Psychologie, so unter anderem:

- Jean-Jacques Rousseau (1712–1778), der forderte, dass die Pädagogik von den Lernbedürfnissen und Lernvoraussetzungen der Schüler ausgehen solle.

- Johann Heinrich Pestalozzi (1746–1827), der schon auf die frühe Bildung im Elternhaus aufmerksam machte und die Interaktion zwischen individuell-psychischen und sozialen Merkmalen des Lernenden betonte.
- Friedrich Fröbel (1782–1852), der die Kindergartenidee begründete und die Erwachsenen aufforderte, die Kinder beim Spiel als ihrem Prozess des Begreifens der Welt zu unterstützen.
- Johann Friedrich Herbart (1776–1851), der als einer der Begründer der wissenschaftlichen Pädagogik und Psychologie gilt und die Beförderung der Selbstentwicklung und des Selbstbewusstseins von Schülern betonte.

Ende des 19. Jahrhunderts sammelten sich die unterschiedlichen Strömungen in einem entstehenden Anspruch an eine vereinigte Pädagogische Psychologie, die auf wissenschaftlichen Methoden begründet ist und sich eigenständig in der Psychologie vertritt. Diese Zeit des Aufbruchs, die durch die Gründung zahlreicher Institute und Zeitschriften gekennzeichnet ist, endete in den 1920er Jahren. Die gesellschaftlichen Spannungen, Instrumentalisierungsversuche der Psychologie und Pädagogik durch gesellschaftliche Ideologien sowie ein beginnender Zweifel an der Unbegrenztheit der naturwissenschaftlichen, psychophysischen Forschungsmethoden bewirkten ein Auseinanderdriften von Pädagogik und Psychologie. Erst in den 1950er Jahren näherten sich beide Disziplinen wieder an, in Versachlichung ihrer Ansprüche und Zielsetzungen. Mit der „kognitiven Wende" – der Abkehr vom Behaviorismus als der führenden Lehrmeinung innerhalb der Psychologie und der zunehmenden Betonung intrapsychischer Prozesse bei Bildung und Erziehung – wurde die Forschung und Theoriebildung innerhalb der Pädagogischen Psychologie sachlicher, praxisangemessener und individuumszentrierter. Einen großen Schritt in Richtung Anerkennung als Disziplin wissenschaftlicher Grundlagenforschung hat die Pädagogische Psychologie zweifelsohne im Zug der aufkommenden systematischen Bildungsforschung in den 1990er Jahren getan. Durch PISA, TIMMS, IGLU und Co. sind pädagogisch-psychologische Forschungserkenntnisse heute ein wichtiger Beitrag zur Gestaltung von Lehr-Lernprozessen in Bildungsinstitutionen.

2.3 Forschungsmethoden der Pädagogischen Psychologie

Die Beschreibung der Forschungsmethoden der Pädagogischen Psychologie kann in einem einführenden Werk wie diesem nur lückenhaft bleiben. Grundsätzlich gilt, dass die wissenschaftlichen Forschungsmethoden der Psychologie auch in der Pädagogischen Psychologie – angewendet auf die Forschungshypothesen und die untersuchten Stichproben – zum Einsatz kommen. Die häufig beschriebene Kontroverse zwischen qualitativer und quantitativer Forschung sowie der damit zum Teil verbundene Unterschied in idiografischer (am einzelnen Phänomen oder Individuum orientierter) und nomothetischer (an allgemeingültigen Gesetzmäßigkeiten orientierter) Vorgehensweise findet sich auch in der Pädagogischen Psychologie. Sie wird jedoch zunehmend durch eine zeitgemäßere pragmatischere Forschung verdrängt, die qualitatives Vorgehen zur Hypothesengenerierung und quantitatives Vorgehen zur Überprüfung der Verallgemeinerbarkeit individueller Erkenntnisse und Phänomene vereint.

Typische Forschungsstrategien sind Laborexperimente, Feldexperimente sowie nicht-experimentelle Vorgehensweisen wie Feldstudien und Korrelationsstudien. Dabei kommen die typischen Forschungsvorgehen wie Querschnittanalysen, Längsschnittanalysen und Quersequenzanalysen (Kohortenstudien) zum Einsatz. Häufig verwendete Erhebungsmethoden sind Fragebögen und Ratingskalen, Beobachtungsverfahren, experimentelle Prozeduren, normorientierte und kriteriumsorientierte diagnostischen Testverfahren sowie Interviewstudien und Fallanalysen. Aus dem großen Forschungsmethodenpool haben wir die Unterrichtsforschung – und hier spezifisch die PISA-Studien für ein paar nähere Erläuterungen ausgewählt. Gute Beschreibungen der weiteren Forschungsmethoden finden sich u.a. bei Krapp und Weidenmann (2001) und Rost (2001).

2.3.1 Unterrichtsforschung

Unterrichtsforschung wird als empirische Sozialforschung, die sich ausdrücklich mit den Intentionen, Themen, Methoden und Medien des Unterrichtens, den teilnehmenden Personen sowie den zugehörigen Institutionen beschäftigt (nach Häcker & Stapf, 2004), definiert. Deutlich wird schon in dieser Definition, dass es sich bei der Unterrichtsforschung nicht um eine spezifische Forschungsmethode handelt, sondern um ein Ziel, unter dem verschiedene Forschungsmethoden miteinander vereinigt wurden. Wichtigstes aktuelles Ziel von Unterrichtsforschung ist es dabei, den Einfluss bestimmter Lehrmethoden, Hintergrundfaktoren und Merkmalen des Bildungssystems auf vordefinierte Ziele wie Lernleistung, Wissenszuwachs und affektive Merkmale (z.B. Unterrichtszufriedenheit und Gesundheit) zu untersuchen.

Das Lernen des Individuums als Ergebnis seines Handelns unter und in Auseinandersetzung mit bestimmten Kontextfaktoren (und dazu gehört auch das Lehrerverhalten) zu verstehen, ist Ausgangspunkt und gleichzeitig größte Herausforderung für die moderne Unterrichtsforschung. Hier ist nach wie vor große Vermittlungsarbeit bei den Rezipienten von Unterrichtsforschungsergebnissen zu leisten. Die Befunde der PISA-Studien sind ein Beispiel dafür, wie Forschungsergebnisse – je nach politischer Interessenlage – so oder ganz anders interpretiert werden können, und bildungspolitische Schlussfolgerungen ganz nach individuellem Belieben auf Länderebene gezogen werden können. Aus diesem Grund wollen wir einen Blick auf die PISA-Studien werfen und Möglichkeiten und Grenzen der Interpretation ihrer Befunde andeuten.

2.3.2 Die PISA-Studien

Systematische Unterrichtsforschung scheint erst in den letzten Jahren in Deutschland entstanden zu sein. Der Begriff des „PISA-Schocks" gibt dabei einen Hinweis darauf, wie überraschend die Befunde der Studien gewesen sind und wie tiefgreifend das Nachdenken ist, das sie in der Bildungslandschaft in Deutschland ausgelöst haben. Solche Schocks hatte es jedoch in der Vergangenheit bereits häufiger gegeben. Schon dass die Sowjetunion – und nicht die westlichen Industrienationen – 1957 den ersten Satelliten (Sputnik) in die Erdumlaufbahn gebracht hatte, hatte für tiefgreifende Verunsicherung über die Bildungseffizienz gesorgt. In der Bundesrepublik Deutschland gab es daraufhin für einige Zeit ein erhöhtes Interesse an internationaler Bildungs- und Unterrichtsforschung, das aber mit der Teilnahme an der Six-Subject-Study (FISS) (Walker, 1976) 1968 bis 1972 für viele Jahre zu enden schien, da die Ergebnisse der deutschen Schüler in Biologie, Chemie und Physik eher unterdurchschnittlich waren. Erst Mitte der 1990-er Jahre begann die Bundesrepublik wieder, sich an Studien der International Association for the Evaluation of Educational Achievement zu beteiligen.

In der aktuellen Unterrichtsforschung nehmen die PISA-Studien einen zentralen Rang ein. PISA steht dabei für „Programme for International Student Assessment" und wird von der OECD (Organisation für wirtschaftliche Zusammenarbeit und Entwicklung) im Auftrag der Regierungen der beteiligten Staaten durchgeführt. Untersucht wird dabei der Ertrag des Schulsystems für den Lernerfolg der Schüler. Dieser Ertrag kann international verglichen werden, und die teilnehmenden Staaten können darüber hinaus auch nationale Vergleiche (z.B. zwischen den Bundesländern) in Auftrag geben.

Typisch für die **Organisation** der PISA-Studien sind:

- die Regelmäßigkeit der Durchführung (in den Jahren 2000, 2003, 2006, 2009 ...)

- die Untersuchung von Kompetenzen, nicht Schulfächern (Lesekompetenz, mathematische Kompetenz, naturwissenschaftliche Kompetenz)
- die Konzentration auf Altersstufen, nicht auf Klassenstufen
- die hohe Alltagsrelevanz der Aufgaben mit Fokus auf die Problemlösefähigkeit der Schüler im natürlichen Kontext.

Aus **methodischer** Sicht sind bemerkenswert:

- die hohe Teilnehmerzahl an den Untersuchungen (2006: 400.000 Schüler aus 57 Ländern)
- die aufwändige Itemkonstruktion in Voruntersuchungen zur internationalen Vergleichbarkeit
- die Orientierung an der Item-Response-Theorie
- hohe Qualitätsstandards in der Stichprobenziehung
- die Umrechnung der Antworten in Kompetenzstufen von Kompetenzstufe I (Elementarstufe) bis Kompetenzstufe V (Expertenstufe)
- die Normierung der internationalen Befunde auf den Mittelwert von 500 Punkten (SD=100).

In den Ergebnissen der Untersuchungen sind sowohl die Länder- und Bundesländermittelwerte in den Kompetenzen vergleichbar, als auch die Anteile von Schülern in den jeweiligen Kompetenzstufen. Zu den wichtigsten Befunden für Deutschland gehört, dass die deutschen Schüler im internationalen Vergleich relativ mittelmäßig abschneiden. Verbesserungen sind seit 2000 insbesondere in den naturwissenschaftlichen Kompetenzen zu beobachten, in Mathematik herrscht seit 2003 eher Stagnation. Die Lesekompetenz der deutschen Schüler bleibt relativ schwach, auch in Gymnasien. Tiefere Analysen der Befunde im Hinblick auf soziodemografische Unterschiede zwischen den Schülern verdeutlichen die suboptimale Förderung von Jugendlichen mit Migrationshintergrund. Typisch für Deutschland ist die nach wie vor starke Kopplung zwischen sozialer Herkunft und Schulleistungen. Im Vergleich der Bundesländer gelten Sachsen, Bayern und Thüringen als Erfolgsmodelle, Bremen und Hamburg bleiben Schlusslichter (Prenzel et. al, 2008).

2.3.3 Entwicklung von Bildungsangeboten und Interventionsmaßnahmen

Der Ertrag von Bildungsangeboten wird nicht nur in übergreifenden und großen Studien überprüft. Die Evaluation von Interventionsmaßnahmen und Unterrichtsformen kann fast schon als Alltagsarbeit von Pädagogischen Psychologen bezeichnet werden. Unterschiedlich stark sind Pädagogische Psychologen an der Entwicklung der Bildungsangebote und Interventionen selbst beteiligt. Hier arbeiten sie häufig mit Pädagogen zusammen oder beschränken sich auf die Effektmessung der neuen Trainings. Der oft genannte Begriff der Trainingsforschung ist dahingehend zu hinterfragen, ob tatsächlich ein Training entwickelt wird, oder ob es in erster Linie um die Evaluation eines Trainings geht. Die Entwicklung einer Interventionsmaßnahme, eines Trainings oder eines Bildungsangebots sollte an dem folgenden Schema ausgerichtet sein:

1. **Modellvorstellungen** von einer guten Ausprägung der zu trainierenden Fähigkeit entwickeln (mit Hilfe von Expertiseforschung): Am Anfang muss eine Einigung über das Ziel des Trainings stehen. Hilfe gibt dabei die Expertiseforschung: Sie regt dazu an, sich in der Zielgruppe des Trainings nach den Personen umzuschauen, die übereinstimmend als Modell in der zu trainierenden Fähigkeit angegeben werden.
2. **Überprüfung des Modells in der Referenzgruppe**: Wenn ein Modell darüber entwickelt ist, wie das gewünschte Wissen und Verhalten aussehen soll, gilt es dieses erneut in der Zielgruppe zu überprüfen.
3. **Makro- und Mikroregeln** für den Aufbau komplexer Strategien entwickeln: Nach Absicherung (oder ggf. auch Modifizierung) des Trainingsziels in der Zielgruppe sind nun die Schritte und Methoden zu überlegen, wie im Training das derzeitige Wissen und Verhalten (Ist-Zustand) in den gewünschten Zielzustand (Soll-Zustand) überführt werden kann.
4. **Instruktionsmodell** zur Strategievermittlung entwickeln: Die entwickelten Makro- und Mikroregeln sind in einem Gesamtkonzept zusammenzuführen, das dann zum Beispiel in Form eines Trainingsmanuals vorliegen kann und detaillierte Planungen enthalten sollte.
5. **Evaluation**: Das zuvor entwickelte Trainingsmanual dient als Grundlage für eine Überprüfung der Wirksamkeit des Trainings. Dabei werden eine erste formale Evaluation (die Überprüfung und Weiterentwicklung des Trainings nach den unmittelbaren Rückmeldungen der Trainer und Trainierten) und eine summative Evaluation (die Quantifizierung der Trainingseffekte nach einem festen Ablaufschema mit Prä-Post-Follow-Up Messungen in Experimental- und Kontrollgruppen) unterschieden.
6. **Absicherung** von Ökonomie und Machbarkeit der Intervention: Nach den vorliegenden Evaluationsergebnissen ist zu entscheiden, ob die Ergebnisse den Aufwand des Trainings rechtfertigen.

2.3.4 Grundzüge der Evaluation von Bildungsangeboten und Trainingsmaßnahmen

Im vorherigen Abschnitt wurden schon Grundzüge der Evaluation von Bildungsangeboten und Trainingsmaßnahmen angedeutet. Die Evaluation dient der Effektivitätsbestimmung von Trainingsmaßnahmen und stellt somit einen wichtigen Beitrag zur Qualitätssicherung von pädagogischen Prozessen dar. Durch die methodisch fundierte Evaluation der Effekte von Trainings wird sichergestellt, dass die vorformulierten Trainingsziele tatsächlich auch erreicht werden und das Training zur Verbesserung der Dispositionen in der Zielgruppe beiträgt. Darüber hinaus müssen weitere Faktoren berücksichtigt werden wie zum Beispiel die Durchführungspraktikabilität, die Ökonomie des Trainings, seine Zuverlässigkeit und Gültigkeit, die Relevanz der Inhalte sowie ihre Transparenz und Kommunikation.

In der inhaltlichen Ausgestaltung der summativen Evaluationen hat sich das Vorgehen nach Donald und James Kirkpatrick (2006) bewährt. Beide beschreiben die Grundbedingungen gelingender Trainingsmaßnahmen, die so auch in ihrer Evaluation berücksichtigt werden müssen. Nach den Autoren gelingen Wissenserwerb und Verhaltensänderungen in der Zielgruppe durch Trainingsmaßnahmen nur dann, wenn Folgendes erreicht wird (Tabelle 1):

Tabelle 1 Ebenen der Evaluation nach Kirckpatrick und Kirkpatrick (2006)

Ebene der Evaluation	Inhalt
1. Unmittelbare Reaktionen	Zufriedenheit der Teilnehmenden mit dem Training, Spaß, Dabeisein, Einbezug der Teilnehmenden
2. Lernen	Aufbau von Wissensbeständen, Wissen über Verhaltensalternativen, Reflektion von Wissen und Verhalten
3. Verhalten	Änderungen in konkreten Verhaltensweisen, Umsetzung des Gelernten im Alltag
4. Resultate auf organisationaler Ebene	Gewinn des Trainings über das Individuum hinaus, Kostensenkungen, Produktivitätssteigerungen

2.4 Zusammenfassung und weiterführende Literatur

Die Pädagogische Psychologie bewegt sich im Schnittbereich zweier eigenständiger Wissenschaftstraditionen – der Pädagogik und der Psychologie. Während die Psychologie sich mit dem Erleben und Verhalten von Menschen beschäftigt, liegt der Fokus der Pädagogik auf der Erforschung der wissenschaftlichen Seite von Erziehung und Bildung. Grob verallgemeinernd könnte demzufolge gesagt werden, dass die Psychologie sich damit beschäftigt, wie der Mensch ist, und die Pädagogik ihren Schwerpunkt darauf setzt, wie der Mensch sein sollte und welche Möglichkeiten es gibt, ihn in eine gewünschte Richtung hin zu lenken. Eine Aufgabe der Pädagogischen Psychologie ist es, für die pädagogische Praxis notwendiges psychologisches Wissen bereitzustellen und die Möglichkeiten und Grenzen von Erziehung und Bildung damit auch wissenschaftlich zu fundieren. Die Pädagogische Psychologie gibt sich jedoch nicht mit der Rolle einer Hilfswissenschaft für die Schulpraxis zufrieden, sondern sie erweitert durch wissenschaftliche Forschung die theoretischen und methodischen Grundlagen von Psychologie und Pädagogik. Pädagogische Psychologie beschränkt sich nicht nur auf das Lernen von Schülern in Schulen, sondern hat ihren Blickwinkel inzwischen auf die gesamte Lebensspanne erweitert. Lebenslanges Lernen ist das Schlüsselwort dieses aktuellen Trends in der Pädagogischen Psychologie.

📖 Literaturempfehlungen:

Einen guten Überblick uber Geschichte und Gegenstandsgebiet der Pädagogischen Psychologie geben Andreas Krapp, Manfred Prenzel und Bernd Weidenmann (2001).

Wer sich näher mit dem Thema Evaluation beschäftigen will, kommt am Klassiker von Heinrich Wottawa und Heike Thierau (2003) nicht herum.

Arnold Lohaus und Holger Domsch (2009) beschreiben wichtige Interventionsverfahren im Kindes- und Jugendalter.

Wertvolle Einstiege für einen ersten Überblick über pädagogisch-psychologische und entwicklungspsychologische Themen gibt es in den Arbeitsblättern von Werner Stangl im Internet unter www.stangl-taller.at.

3 Entwicklung als Handeln im Kontext – ein neuer Blick auf das Lernen

3.1 Eine Einführung in die handlungsorientierte Entwicklungspsychologie

In den vorangehenden Abschnitten haben wir die Pädagogische Psychologie in ihrem Gegenstandsgebiet bestimmt und ihre Methoden und Aufgabenfelder betrachtet. Ein zentraler Gedanke war dabei die Erweiterung der Perspektive des Lernens auf das ganze Leben. Ein zweiter zentraler Gedanke wird in den folgenden Abschnitten verstärkt hinzukommen. Dabei handelt es sich um den Gedanken der Eigenaktivität des Lernenden in seinen Lern- und Bildungsprozessen. Dass Lernen die Eigenaktivität des Individuums voraussetzt, ja ohne sie unmöglich ist, ist keinesfalls ein neuer Gedanke. Er scheint jedoch in Pädagogik und Pädagogischer Psychologie häufig zum Lippenbekenntnis zu werden, da traditionelle Lehrvorstellungen vom unidirektionalen Wissenstransfer vom Lehrer auf den Schüler nach wie vor stark vertreten sind.

Ein wichtiger Grund hierfür ist, dass diese Vorstellung pädagogisches Handeln und Erziehen scheinbar leichter macht: es ist die Handlung des Lehrenden, die direkte Veränderungen beim Lernenden bewirkt. Da es die Lehrenden sind, die sowohl über das Wissen der Ziele als auch die Methoden des Lerntransfers verfügen, sind sie als die Akteure auszubilden und zu bestärken, sind sie es, die die Verantwortung für den Lernfortschritt des Schülers übernehmen. Dies begründet durchaus auch ein Machtverhältnis zwischen Lehrenden und Lernenden, dient als Quelle pädagogischen Selbstverständnisses und gibt scheinbar Sicherheit im erzieherischen Alltag. „Ich weiß, was gut und richtig für dich ist, und ich werde dir beibringen, dies auch selbst so zu empfinden."

3.2 Theorieklassen menschlicher Entwicklung

Was ist eigentlich „Entwicklung"? Aktuelle Definitionen von Entwicklung haben sich von Vorstellungen einer „Perfektionierung" kindlicher Schwächen auf dem Weg hin zum Erreichen des Erwachsenenalters verabschiedet. Mit dem psychologischen Begriff der Entwicklung werden alle Arten von Veränderungen in den Blick genommen:

> Entwicklung beinhaltet diejenigen Veränderungen des Individuums, die auf die Dimension Lebensalter bezogen werden können. Veränderungen finden sich dabei u. a. im Verhalten, im Denken, in der Wahrnehmung, in der Haltung und Einstellung sowie in der Leistungsfähigkeit des Individuums.

Entwicklungspsychologische Grundlage für das traditionelle Lehrverständnis waren die behavioristischen Theorien, die Umwelteinflüsse als aktive Kraft für die Entwicklung des Einzelnen sahen, wohingegen das Individuum selbst seiner Entwicklung und den Umweltkräften eher passiv ausgeliefert sei. Diese Entwicklungsvorstellung steht in Konkurrenz zu anderen Klassen von Entwicklungstheorien, die die Eigenaktivität des Lernenden stärker betonen.

Endogenistische Theorien beschreiben Entwicklung als Entfaltung innerer Entwicklungsprogramme und Ausdifferenzierung bereits angelegter, genetisch prädisponierter Fähigkeiten und Verhaltensweisen. Begriffe wie „Reifung", „Reife", „Prägung", „Entfaltung", „Anlagen", „Nativismus" weisen auf endogenistische Ansätze hin. In ihnen ist Entwicklung genetisch vorgezeichnet, kaum beeinflussbar, und nur die Leistungsfähigkeit bereits gereifter Funktionen ist steigerungsfähig. Oft werden phasenhafte Verläufe beschrieben, wobei Entwicklung als irreversibel angesehen wird. Die Reife des Erwachsenenalters gilt als Ziel gelingender Entwicklung.

Demgegenüber betonen die exogenistischen, behavioristischen Theorien menschliches Verhalten als Folge von Reizen und Verhaltenskonsequenzen und den Menschen selbst als reizgesteuertes Wesen, das sich durch externe Stimulation verändert. Begriffe wie „tabula rasa", „Konditionieren", „Black Box", „Reflexe", „Verstärker", „Milieutheorie" und die Vorstellung, dass Menschen als „unbeschriebene Blätter" auf die Welt kommen, deuten auf exogenistische Entwicklungsvorstellungen hin. Häufig liegt die Betonung auf elterlichem Erziehungsverhalten, aber auch die Pädagogik hat sich der exogenistischen Erziehungsvorstellungen bedient, um aus ihnen Ansätze für Verhaltensmodifikationen zu entwickeln. In der Theorie des sozialen Lernens von Alfred Bandura sind exogenistische Einflüsse noch deutlich zu erkennen, sie markieren aber auch den Übergang zu eher kognitiven Entwicklungsvorstellungen durch die Berücksichtigung interner Prozesse beim Lernenden selbst.

Den Menschen in seiner Eigenaktivität zu betonen, steht im Zentrum konstruktivistischer Ansätze, die insbesondere durch Jean Piaget weiterentwickelt wurden. Merkmale konstruktivistischer Theorien sind: der Mensch steuert seine Entwicklung selbst und konstruiert seine subjektive Wirklichkeit. Begriffe wie „Akkommodation", „Assimilation", „Äquilibration", „Erkenntnistheorie" und „Kognition" sind eng mit konstruktivistischen Theorien verknüpft. Da die Eigenaktivität des Individuums im Erkenntnisprozess betont wird, ist Entwicklungsförderung kaum möglich und sind differenzielle Aussagen über Entwicklungsunterschiede schwierig. Kognitivistische Lernvorstellungen stehen in enger Verbindung zu konstruktivistischen Ideen. Sie unterscheiden sich im Hinblick auf den Grad der Beschreibung einer realen (ontologischen) Welt, die durch das Individuum „erkannt" oder „konstruiert" wird. Bei der Beschreibung der Lerntheorien kommt dieser Klärung besondere Bedeutung zu und wird von uns in Kapitel 4.3.2 genauer erläutert.

Die moderne Entwicklungspsychologie hat sich mehr und mehr von der traditionellen Dominanz von Umwelt oder Person in der individuellen Entwicklung verabschiedet und vertritt heute überwiegend gemäßigte Positionen, die sowohl der Umwelt als auch dem Individuum Einflüsse auf Entwicklungsprozesse zugestehen. Solche Theorien werden als interaktionistische, ko-konstruktivistische oder systemische Theorien bezeichnet. Wichtige Merkmale dieser Theorien sind, dass Ausgangspunkt menschlicher Entwicklung das Gesamtsystem Mensch-Umwelt und die darin stattfindenden Interaktionsprozessen sind. Entwicklung ist nicht universell gleich, sondern von gesellschaftlichen, ökonomischen und ideengeschichtlichen Prozessen abhängig. Begriffe wie „Homöostase", „System", „Ökologie", „Austausch" kennzeichnen diese Theorien. Ihnen ist gemeinsam, dass das Individuum seine Umwelt gestalten kann und selbst die Bedingungen mitbestimmt, unter denen sich sein Lernen vollzieht.

3.3 Leitsätze einer Entwicklungspsychologie der Lebensspanne

Entwicklung ist ein kompliziertes Wechselspiel von drei Entwicklungsmotoren, die sich gegenseitig befördern, aber auch behindern können. Diese drei Entwicklungsmotoren lassen sich als „Reifung", „Erziehung" und „Selbststeuerung" zusammenfassen. Genetische Prädispositionen und Reifungsprozesse bilden in gewisser Weise den Rahmen, unter dem aktuell sich Entwicklung vollziehen kann. Durch Erziehung werden die Erwartungen der Umwelt an den Einzelnen übermittelt. Selbststeuerung kennzeichnet die Art und Weise, wie sich der Einzelne mit seinen körperlichen Leistungsvoraussetzungen und den Erwartungen seiner Umwelt auseinandersetzt und diese mit seinen eigenen Entwicklungszielen abgleicht. Leitgedanken einer Entwicklungspsychologie der Lebensspanne hat Paul Baltes (1990) formuliert. Sie enthalten die Anforderungen, die ein modernes Entwicklungsverständnis – und damit auch eine moderne Pädagogische Psychologie – des Lebenslangen Lernens erfüllen muss:

- **Prinzip der lebenslangen Entwicklung**, Entwicklung als Grundprinzip allen Lebens
- **Multidirektionalität von Entwicklung**: von einem Ausgangszustand aus sind viele Entwicklungswege denkbar
- **Gewinn und Verlust**: Entwicklung ist kein kontinuierliches Voranschreiten hin zu einem höchsten Zielzustand
- **Plastizität**: Einbußen in Funktionsbereichen können durch andere Fähigkeiten ausgeglichen werden
- **Geschichtliche Einbettung** wie auch aktuell-gesellschaftlicher und kultureller Bezug: Entwicklung passiert im sozial-historischen Kontext
- **Interaktionismus**: Berücksichtigung endogener und exogener Faktoren wie auch der Eigenaktivität des Individuums als Entwicklungsmotoren
- **Multidisziplinäre Betrachtung**: Verknüpfung von psychologischem Fachwissen mit anderen Wissenschaftsdisziplinen zur Beschreibung und Erklärung von Entwicklungsphänomenen
- **Kontextualismus**: Entwicklung als Handeln im Kontext

Gerade der letzte Aspekt, die handlungstheoretische Beschreibung von Entwicklung als Eigenaktivität des Individuums im Entwicklungskontext innerer und äußerer Anforderungen, bedarf der näheren Erläuterung, da er in unserer Beschreibung Pädagogischer Psychologie den Modellrahmen bildet.

3.4 Entwicklung als Handeln im Kontext

Gene und körperliche Voraussetzungen sind bei Entwicklungsbeschreibungen genauso zu berücksichtigen wie die gesellschaftlichen Erwartungen, die über Eltern, Pädagogen und Gleichaltrige an die Lernenden herangetragen werden. Dabei liegt es an den Lernenden selbst, sich mit ihren Leistungsvoraussetzungen und den Erwartungen anderer auseinanderzusetzen. Ihre eigenen Ziele und Wünsche bilden eine entscheidende Triebkraft für die weitere Ausgestaltung von Entwicklung.

Dies findet in der modernen Psychologie der Lebensspanne nun endlich auch seine theoretische Entsprechung. Heutige Entwicklungspsychologen stellen den Lernenden selbst ins Zentrum. Sie beschreiben Lernende bewusst als aktive Gestalter ihrer eigenen Entwicklung. Lernende aller Altersstufen erkennen, welche Entwicklungsaufgaben (u.a. Oerter & Dreher, 1995) vor ihnen liegen, und entwickeln für sich selbst Lösungsversuche, wie diese zu bewältigen sind. Allerdings sind sie nicht ganz frei in der Art und Weise, wie sie dies tun können. Der Kontext, der die Lernenden umgibt, schränkt sie auf bestimmte Handlungsmöglichkeiten ein oder legt ihnen bestimmte Bewältigungsmöglichkeiten nahe. Entwickeln ist „Handeln im Kontext" – in der Beschreibung Rainer K. Silbereisens (siehe sein Buch von 1986), eines der bekanntesten Entwicklungspsychologen in Deutschland, bedeutet das für die Lernenden:

> „Ich kann handeln und mich als die Person, die ich sein möchte, selbst erschaffen, aber diese Handlungsmöglichkeiten sind durch den Kontext, der mich umgibt und in dem ich lebe, definiert, zum Teil eingeschränkt, zum Teil aber auch erweitert."

Der gleiche Entwicklungskontext kann bei unterschiedlichen Lernenden zu unterschiedlichen Entwicklungswegen führen, je nachdem wie der Kontext von den Lernenden wahrgenommen wird und wie jeder Lernende für sich definiert, was „das Beste" ist, was man aus den vorgegebenen Bedingungen machen kann. Der Begriff des Kontextes ist sehr weit gefasst und bezieht sich nicht nur auf die Umwelt des Lernenden, sondern auch auf innere Bedingungen, die in ihm selbst zu finden sind. Zu den kontextuellen Vorgaben, die seine Handlungsmöglichkeiten einschränken oder erweitern, gehören u.a. auch sozialhistorische und aktuelle gesellschaftliche Bedingungen wie sie unter anderem in Abschnitt 6.2 beschrieben werden und auch in den Bildungsplänen und curricularen Vorgaben der Bundesländer dargelegt sind.

Zu den kontextuellen Vorgaben gehören darüber hinaus auch interne biologische sowie genetische Rahmenbedingungen (Körpergröße und -form, zum Teil auch der Intellekt und bestimmte Persönlichkeitseigenschaften des Lernenden), aber auch bestimmte soziodemographische Merkmale. Es gibt Entwicklungsverläufe, die bei allen Lernenden gleich sind, diese sind jedoch die Ausnahme. Die Vorstellung einer universellen Entwicklung des Menschen an sich gibt es nahezu nicht mehr – es ist zu differenzieren nach Geschlechtsunterschieden, Herkunft aus Stadt oder Land, ob jemand In- oder Ausländer ist. Auch bestimmte ontogenetische Abläufe gehören dazu: Die Vorerfahrungen aus den ersten Lebensjahren, bestimmte benachbarte Entwicklungsaufgaben, die schon bewältigt oder nicht bewältigt wurden, sowie zukünftige Ereignisse, auf die das Individuum hinarbeiten muss. Die individuelle Entwicklung zeigt auf, wie der aktuelle Lebensabschnitt in den gesamten biografischen Verlauf einzuordnen ist.

Es wird deutlich, dass Handeln stark vom Kontext mitbestimmt wird. Lernende sind nicht völlig frei in ihrer Entscheidung, wie sie ihre Entwicklungsaufgaben bewältigen. Sie sind aber diesem Kontext auch nicht hilflos ausgeliefert, denn sie können ihn verändern, indem sie erkennen, welchen Einschränkungen sie erliegen und sich einen anderen Kontext suchen. Die zentrale Größe bleibt immer das Individuum selbst. Keine Lehrkraft kann es dem Lernenden abnehmen, seine Entwicklungsaufgaben wahrzunehmen und für sich Pläne zu ihrer Bewältigung zu entwickeln. Kein anderer kann sich „für den Lernenden" entwickeln. Wenn die eigene Motivation des Individuums fehlt, ein innerer Antrieb für eine bestimmte Lernaufgabe nicht zu beobachten ist, dann hilft kein Ziehen und kein Zerren, dann greifen die besten Entwicklungsangebote, Lernsituationen, Spielzeuge und gutgemeinten Ratschläge und Einladungen von Pädagogen ins Leere.

Abbildung 1 verdeutlicht das Schema der handlungsorientierten Entwicklungsbetrachtung:

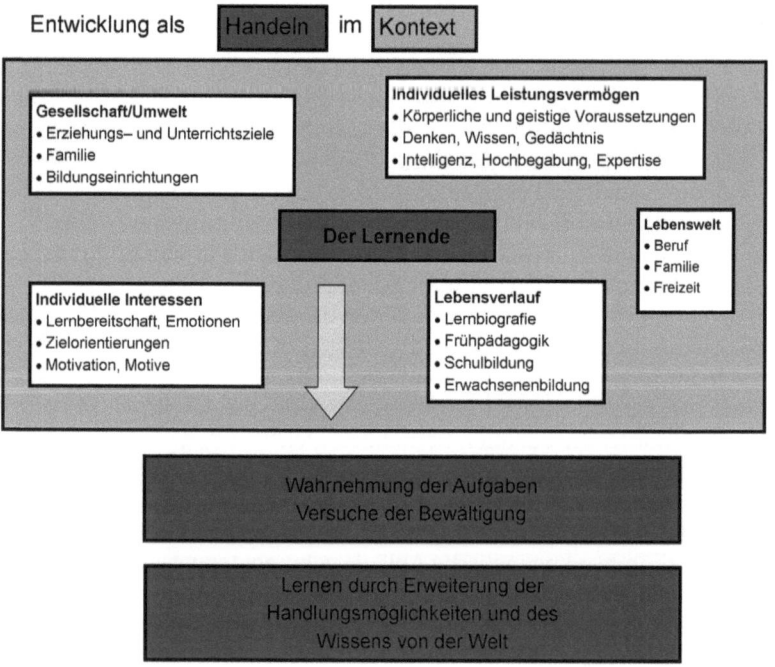

Abbildung 1   Der Kontext von Lernen

Wir werden uns im Folgenden in unserer Darstellung Pädagogischer Psychologie des lebenslangen Lernens an diesem Schema orientieren. Wir werden die externen Bedingungen (gesellschaftliche Vorgaben) genauso in den Blick nehmen wie die Bedingungen, die sich aus Unterschieden im individuellen Leistungsvermögen der Lernenden ergeben. Davon unabhängig werden wir individuelle Interessen und Lernbereitschaften beschreiben sowie Anforderungen bestimmter Stationen im Lebensverlauf betrachten. Dass das Lernen in verschiedenen Lebenswelten – institutionell wie auch informell außerhalb der Bildungseinrichtungen – stattfindet, wurde an verschiedenen Stellen bereits deutlich. Im weiteren Verlauf werden wir dies nutzen, um verschiedene Arbeitsgebiete Pädagogischer Psychologen aufzuzeigen. Zunächst werden wir im folgenden Kapitel jedoch den Begriff des Lernens selbst in den Blick nehmen, ihn definieren und aus verschiedenen theoretischen Perspektiven erläutern.

3.5 Zusammenfassung und weiterführende Literatur

Wie entwickelt sich der Mensch? In klassischen Erklärungsansätzen wurden häufig Extrempositionen bezogen. Entweder galt die Umwelt des Menschen als aktiver Entwicklungsgestalter oder aber das Individuum selbst bei passiver Umwelt. Diese Vorstellungen haben sich auch in pädagogischen Vorstellungen niedergeschlagen und die Pädagogische Psychologie beeinflusst. Erfahrungen, die aus den Erziehungsvorstellungen vergangener Jahrzehnte gezogen wurden, und die neuen Erkenntnisse der entwicklungspsychologischen Forschung lassen jedoch erkennen, dass es keine Dominanz eines Entwicklungsmotors gibt. Alle drei Motoren (Gene, Erziehung, Selbststeuerung) bestimmen in einem komplizierten Wechselspiel, wie Menschen zu dem werden, was sie sind. In den Genen angelegte individuelle Leistungsfähigkeiten entfalten sich nur unter bestimmten Umweltbedingungen, aber wenn z. B. das Kind bestimmten Neigungen nicht selbststeuernd nachgehen will, so nutzen die besten Talente und Erziehungsprogramme nichts. Entwicklung wird heute als „Handeln im Kontext" (Silbereisen, Eyferth & Rudinger, 1986) verstanden, als aktiver Prozess des Menschen, der sich mit seiner Umwelt genauso wie mit seinen körperlichen Leistungsvoraussetzungen auseinandersetzt. Entwicklung ist dabei ein lebenslanges Geschehen. Die klassische Beschränkung einer Pädagogischen Psychologie des Kindes- und Jugendalters ist heute nicht mehr haltbar – die Pädagogische Psychologie ist aufgefordert, das lebenslange handelnde Lernen von Menschen in den Blick zu nehmen.

📖 Literaturempfehlungen:

Einen guten Vergleich unterschiedlicher Entwicklungstheorien gibt August Flammer (1996).

Für das Jugendalter hat Helmut Fend (2005) das Schema der handlungsorientierten Entwicklungspsychologie sehr anschaulich aufbereitet.

Für das Lernen im Erwachsenenalter sei Ihnen die Übersichtsbeschreibung von Horst Siebert (2009) ans Herz gelegt.

4 Der Lernende im Zentrum

4.1 Was ist Lernen?

Der Begriff „Lernen" hat seine Wurzeln im Gotischen und Indogermanischen und ist verwandt mit den Begriffen „wissen", „gehen", „nachspüren" (Mielke, 2001). Das Gelernte hat also eine Spur hinterlassen – und Lernen ist eine Aktivität. Eine moderne Definition von Lernen lautet:

> Als ‚Lernen' werden relativ überdauernde Änderungen der Verhaltensmöglichkeiten bezeichnet, sofern sie auf die Aufnahme und Verarbeitung von Informationen zurückgehen (nach Merz, 1996).

Lernen umfasst jene Veränderungen im Zentralnervensystem, die *nicht* biologisch determiniert sind (etwa durch Reifung, Altern oder Verletzungen). Auch Verhaltensänderungen aufgrund von Adaptationen oder Ermüdungsprozessen werden nicht dem Lernen zugezählt. Beim Lernen geht es um eine Kombination von Verhaltensänderung und Wissenserwerb, wobei die Kombination je nach Situation und Lehrgebiet unterschiedlich ausfällt. Auffällig ist die Einschränkung in der Definition auf Änderungen in „Verhaltensmöglichkeiten". Wissenserwerb wird ebenfalls unter die Änderung von Verhaltensmöglichkeiten subsumiert, da neues Wissen neues Verhalten möglich macht. Gegenüber der Veränderung in Wissensstrukturen sind Verhaltensänderungen leichter messbar und daher der psychologischen Forschung besser zugänglich.

4.2 Lernen als Verhaltensänderung

Lernen ermöglicht es den Lernenden, sich erfolgreich an neue Situationen anzupassen und (neue) Probleme eigenständig zu lösen. Lernen kann auf ganz unterschiedliche Weise erfolgen. Die am häufigsten genannten Formen des Lernens als Verhaltensänderung sind in Tabelle 2 aufgeführt und kurz erläutert:

Tabelle 2   Lernen als Verhaltensänderung

Orientierungs-reaktion	Reaktion auf Umgebungsreize, welche dazu dienen, Handlungen vorzubereiten oder auszuführen – es kommt dann zu einer Reihe aufeinander folgender Reaktionen. *Beispiel:* Die Reaktion eines Kindes auf lautes Klatschen – es wendet seine Aufmerksamkeit in Richtung des Geräusches.
Habituation/ Dishabituation	Ist in der Regel nicht bewusst und setzt ein, wenn ein Individuum wiederholt einem Reiz ausgesetzt ist, der sich als unbedeutend erweist (Gewöhnung). Die Reaktion schwächt sich allmählich ab und unterbleibt dann u. U. ganz. Unterbleibt nach der Habituation der Reiz lange genug, nimmt die Reaktionsbereitschaft in der Regel wieder zu. *Beispiel:* Ein Alarmton wird nach einiger Zeit ignoriert, wenn er jedes Mal bedeutungslos war. Nach einem Aufenthalt in sehr ruhiger Umgebung wird darauf jedoch spontan wieder reagiert (wird der Alarm erneut wahrgenommen).
Klassisches Konditionieren	Von dem russischen Physiologen Pawlow begründete Theorie, die besagt, dass einem natürlichen, meist angeborenen sogenannten unbedingten Reflex durch Lernen ein neuer, bedingter Reflex hinzugefügt werden kann. Dieser löst dann ebenfalls eine Reflexreaktion aus, die der unbedingten Reaktion sehr ähnlich ist. Techniken der klassischen Konditionierung werden in der Behandlung von Ängsten, Zwangshandlungen oder angstähnlicher Symptome verwendet. *Beispiel:* Wenn der Vater schlecht gelaunt ist, dann knallt er mit der Tür, sobald er nach Hause kommt. Danach beginnt er, die Kinder anzuschreien, was ihnen Angst einjagt. Nach einiger Zeit werden die Kinder auch in anderer Umgebung oder Situation nervös und ängstlich, wenn sie eine Tür zuknallen hören.
Operantes Konditionieren	Zuerst von Thorndike erforschtes Paradigma, das das Erlernen von Reiz-Reaktions-Mustern aus ursprünglich spontanem Verhalten beschreibt. Die Häufigkeit eines Verhaltens wird durch seine angenehmen oder unangenehmen Konsequenzen nachhaltig verändert. In der Alltagssprache ist das „Lernen am Erfolg". *Beispiel:* Ein Kind teilt seine Süßigkeiten spontan mit einem anderen Kind. Es wird dafür gelobt, und in der Folge wird Teilen zum bevorzugten Verhalten.

Lernen von Kontingenzen	Kontingenzen sind Wenn-Dann-Beziehungen; sie sind im Alltag ein ständiger Begleiter und werden vom Lerner erkannt und vorhergesagt. Die Spezifik des Kontingenzlernens: Erlernt wird, dass das Eintreten von Ereignis A das Ereignis B wahrscheinlicher macht, als wenn Ereignis A nicht eingetreten wäre. P {B/A} > P {B/¬A} A kann, muss aber nicht kausal sein. Unterschieden werden drei Kontingenzen: 2 Umweltereignisse (Lerner ohne Einfluss), Aktion des Lerners – Umweltereignis, Ereignispaare in der sozialen Interaktion Lerner – Bezugsperson. *Beispiel:* Ein Kleinkind wird angelächelt und lächelt zurück. Oder: Das Kind lächelt die Bezugsperson an, und diese lächelt zurück.
Imitationslernen, Modelllernen	Durch eine Beobachtung von Vorbildern (Modellen) determiniert, deren Verhalten imitiert wird. Imitationslernen beginnt sehr früh und erfolgt lebenslang, bewusst und unbewusst und ist besonders erfolgreich, wenn die verbale Vermittlung des Wunschverhaltens schwierig ist. Imitation hat ein Motiv, das alters- und situationsabhängig ist und sich ändern kann. *Beispiel:* Ein Kind verbringt seine Freizeit vor dem Fernseher und beobachtet dort handgreifliche Auseinandersetzungen. Der „Held" erreicht damit, was er will, und verschafft sich Respekt – und entgeht einer Bestrafung. Sofern das Kind stark genug ist, um ein ähnliches Verhalten zu zeigen, wird es das wiederholen, wenn es sich in einer vergleichbaren Situation sieht und seinen Willen durchsetzen will.

Die Ausführungen in Tabelle 2 sind grob verallgemeinert und vereinfacht. In der Realität kann es durchaus Mischformen geben, und Lernen kann je nach Situation auf unterschiedliche Weise erfolgen. Es lassen sich jedoch einige allgemeine Schlussfolgerungen für die verhaltensorientierte Gestaltung von Lernsituationen ableiten:

- Schaffung positiver Modelle, mit denen sich die Lernenden identifizieren können.
- Positive Verstärkung von gewünschten Verhaltensweisen.
- Anerkennung und Rückspiegelung von lernfördernden Emotionen.
- Verhinderung von zuviel „Gewöhnung" – Variierung von Situationen, so dass die Aufmerksamkeit erhalten bleibt.

4.2.1 Lernen als Wissenserwerb

Lernen wird dann als Wissenserwerb beschrieben, wenn sich kognitive Strukturen beim Lernenden ändern. Nicht immer werden diese Änderungen unmittelbar in Verhalten sichtbar – ein Grund, warum sich die Psychologie im behavioristischen Paradigma lange mit der Beschreibung interner (quasi im Kopf stattfindender) Lernprozesse schwer getan hat. Für die Pädagogische Psychologie sind jedoch die Wissensveränderungen beim Lernenden von ebenso großer Bedeutung wie die Verhaltensänderungen. Mit dem Erwerb von Wissen werden wir uns in den weiteren Kapiteln noch ausführlich beschäftigen. An dieser Stelle sei nur aus Vollständigkeitsgründen eine Möglichkeit aufgeführt, Lernprozesse im Sinne von Wissenserwerb zu klassifizieren. Diese Möglichkeit – die Unterscheidung zwischen verbalem und nonverbalen Lernen – ist in Tabelle 3 abgebildet.

Tabelle 3   Lernen als Wissenserwerb

Verbales Lernen	Erwerb von Sachwissen durch sprachliches Lernen, Wissenserwerb durch Aufbau kognitiver Strukturen. Erworben wird dadurch u.a. das Wissen über Fertigkeiten (Lesen, Rechnen, Schreiben) und das Wissen über Sachverhalte (Aussagen, Bedeutungen erkennen …) *Beispiel*: Ein Dozent erläutert die Unterschiede zwischen verschiedenen Lernformen in einer Vorlesung. Die Studierenden fertigen sich Notizen an, anhand derer sie dann sich auf die anstehende Prüfung vorbereiten.
Nonverbales Lernen	Es gibt viele Hinweise darauf, dass die Änderungen in Wissensstrukturen immer dann besonders nachhaltig sind, wenn Inhalte nicht ausschließlich verbal, sondern auch non-verbal vermittelt werden (siehe Kapitel 7.1.4). Durch die parallele Verarbeitung optischer und akustischer Informationen werden die Wissensstrukturen dauerhafter und besser vernetzt. *Beispiel*: Zu seinem Vortrag über Lernformen setzt der Dozent ein Video ein, das historische Filmaufnahmen eines Kindes enthält, dem durch Techniken des operanten Konditionierens Furcht vor Pelztieren und Pelzen antrainiert wird. Die Studierenden verknüpfen ihr verbales Wissen über Konditionierung mit den Bildern und Tönen und den dabei erlebten Emotionen.

Für das verbale Lernen hat David Ausubel (1963) eine wichtige Unterscheidung betont: verbales Lernen kann mechanisch oder sinnvoll und rezeptiv oder entdeckend geschehen.

- **Mechanisch-rezeptives Lernen**: Inhalte werden möglichst wortwörtlich wiedergegeben. Ähnlichkeit zum Trichterlernen (siehe Kapitel 4.3).
- **Mechanisch-entdeckendes Lernen**: Ein vom Lernenden selbst entdeckter Sachverhalt wird von ihm systematisch eingeübt.
- **Sinnvoll-rezeptives Lernen**: Dargestellte Informationen werden an passender Stelle ins Wissensnetz des Lerners eingearbeitet.

Der Lernende im Zentrum 37

- **Sinnvoll-entdeckendes Lernen**: Ein vom Lerner selbst entdeckter Sachverhalt wird an passender Stelle ins Wissensnetz eingearbeitet.

Es überrascht kaum, dass Ausubel den mechanischen Lernformen wenig Bedeutung für den nachhaltigen Wissenstransfer zuschreibt. Für ihn kommt hingegen dem sinnvoll-rezeptiven Lernen eine wichtige Rolle im Schulunterricht immer dann zu, wenn der Erwerb von Sachwissen, die Vermittlung vorgegebener Lerninhalte und die Interaktion bereits vorhandener Wissensstrukturen mit neuem Lernstoff im Vordergrund stehen. Die strategischen Prinzipien des sinnvoll-rezeptiven Lernens sind seiner Meinung nach:

- das Setzen von **Ankerideen** (Advance Organizer),
- die **Progressive Differenzierung** der dargebotenen Inhalte (vom Allgemeinen auf das Besondere),
- das **Integrierende Verbinden** (Besondere Phänomene unter ein allgemeines Dach führen),
- die **Sequenzielle Organisation** des Lernstoffs,
- die **Konsolidierung von Wissen** durch Wiederholungen, Transfer und Anwendung.

Das Grundprinzip bleibt dabei das Anknüpfen am bereits vorhandenen Vorwissen der Schüler, das es zu erkennen und zu nutzen gilt. Sinnvoll entdeckendes Lernen ist nach seiner Meinung vor allem dann erfolgreich, wenn im Unterricht Transfer zwischen eigenen Erkenntnissen und Sachwissen ermöglicht wird. Dies kann allgemeiner Transfer oder auch spezifischer Übungstransfer sein. Gerade bei der Vermittlung von Techniken des Problemlösens und von Lernstrategien gilt sinnvoll-entdeckendes Lernen als die Methode der Wahl. Es ermöglicht die Nutzung des intuitiven Wissens von Lernenden und steigert ihre intrinsische Motivation.

4.3 Führende Paradigmen der Lernforschung

Die im letzten Abschnitt aufgeführten unterschiedlichen Sichtweisen auf das Lernen (siehe Tabelle 2 und 3) sind in Theorien zusammengeführt, die sich nicht gegenseitig ausschließen, sondern unterschiedliche Blicke auf das Lernen eröffnen, unterschiedliche Lernphänomene beschreiben und unterschiedliche Voraussagen über Abläufe und Resultate von Lernprozessen ermöglichen. Geht man noch einen Schritt weiter in Distanz zu den einzelnen Theorien, so werden in ihnen vier übergreifende Paradigmen (Theorieklassen) deutlich, die Auffassungen vom Lernen kennzeichnen.

Wie lernen Menschen also im Allgemeinen? Überprüfen Sie sich zunächst selbst: Wie sind Ihre Erinnerungen an das eigene Lernen und Ihre Vorstellungen davon, wie ein Mensch am besten lernt? Vier verschiedene Fragen mögen Sie dabei in vier unterschiedliche Richtungen lenken:

- Wie haben Sie sich am besten wörtliche Inhalte (z. B. Gedichte, Vokabeln, Geschichtszahlen) eingeprägt?
- Wie sind Ihre Eltern vorgegangen, wenn sie bei Ihnen ein bestimmtes Wunschverhalten erreichen wollten?
- Kennen Sie den Moment, in dem Ihnen – nach intensiver Beschäftigung mit einem Thema – auf einmal das berühmte „Licht" aufgegangen ist und Sie plötzlich verstanden haben, worum es eigentlich geht?
- Bei welchen Inhalten und Fächern ist Ihnen in der Schule Lernen leicht gefallen, wann besonders schwer?

Es gibt im Wesentlichen vier Paradigmen in der Lernforschung – vier Annahmen darüber, wie Lernen funktioniert und wie daraufhin Lehren gestaltet werden sollte. Diese sind in Tabelle 4 dargestellt.

Tabelle 4   Führende Paradigmen der Lernforschung

Lernparadigma	Zentrale Aussagen	Herkunft/Grundannahme
Trichterlernen	Geht zurück auf den Buchtitel: Poetischer Trichter. Die Teutsche Dicht- und Reimkunst, ohne Behuf der lateinischen Sprache, in VI Stunden einzugießen Georg Philipp Harsdörffer (siehe Hirschfelder, 2006)	Gleichförmige (mechanistische) Wiederholung der oft wörtlich zu lernenden Inhalte ohne direkte Beziehung zwischen Lernendem und Lehrendem; verbunden mit der Vorstellung, ein Schüler könne sich mit dieser Form von Didaktik Lerninhalte fast ohne Aufwand aneignen und ein Lehrer auch dem „Dümmsten" alles beibringen.

Lernparadigma	Zentrale Aussagen	Herkunft/Grundannahme
Behaviorismus – Trainingslernen	„Gib mir ein Dutzend gesunde wohlgeformte Kinder, um sie in meiner eigenen Welt aufzuziehen, und ich garantiere, dass ich jedes beliebige nehmen kann, und es ganz nach meiner Wahl zu jeder Art von Spezialisten ausbilden kann – Arzt, Rechtsanwalt, Künstler, Lagerverwalter und, ja, sogar zum Bettler und Dieb, und zwar ganz unabhängig von seinen Talenten, Schwächen, Tendenzen, Fähigkeiten, Begabungen und der Rasse seiner Vorfahren" (John B. Watson, 1930, S. 104)	Lernen wird als Kopplung von bestimmten auslösenden Stimuli und nachfolgenden Konsequenzen verstanden; daraus folgen stringente Anweisungen an Erziehungsverhalten, um gewünschte Ergebnisse zu erzielen.
Kognitivismus – Erkenntnislernen	„Nun, um ein Objekt zu erkennen, muss das Subjekt mit ihm handeln, es muss es verschieben, verbinden, kombinieren, auseinander und wieder zusammen bauen ..." Jean Piaget (1970, S. 104)	Lernen als aktive und selbstständige Informations- und Reizverarbeitung, die kaum durch äußere Einflüsse steuerbar ist – die Lehrkraft kann ein Umfeld bereitstellen, hat jedoch kaum Einfluss auf das Lernergebnis
Konstruktivismus	„An die Stelle der im Rahmen realistischer Konzeptionen üblichen Begriffe der Wahrheit, Adäquatheit, Korrespondenz, Wirklichkeit usf. treten hier Begriffe wie Glaubwürdigkeit, Verlässlichkeit, Interessantheit, Effektivität, Plausibilität, Kompatibilität, Lebbarkeit und Überlebbarkeit, Orientierungsvorteil, Möglichkeit, Vielfalt, Exploration, Verantwortlichkeit und Toleranz." Gebhard Rusch (1987, 202 f.)	Interne Repräsentationen von der Welt werden aufgebaut, verknüpft, reorganisiert und modifiziert. Lernen ist die zweckmäßige Modifikation kognitiver Strukturen. Wissen beweist seine Nützlichkeit im sozialen Austausch.

Während aus Tabelle 4 unmittelbar ersichtlich ist, dass die aufgeführten Paradigmen eine zeitliche Abfolge der Entwicklung darstellen, wirken sie alle – wenn auch in gemäßigter Form – bis heute nach. In den folgenden Abschnitten werden wir die einzelnen Paradigmen näher betrachten und ihre Bedeutung für das Lernen von Individuum genauer überprüfen. Eine Ausnahme stellt dabei das Trichterlernen dar, das selbst keine theoretische Manifestierung gefunden hat und – obgleich es im Alltag eigenständig zu beobachten ist – in den pädagogisch-psychologischen Betrachtungen im behavioristischen Paradigma subsumiert wird.

4.3.1 Die Bedeutung behavioristischer Lerntheorien in der Pädagogik

Wie bereits ausgeführt, gehen behavioristische Theorien davon aus, dass es einen systematischen Zusammenhang zwischen einem Reiz S, dem handelnden Individuum (Reaktion R) mit seinen organismischen Voraussetzungen O und dem Ergebnis (Konsequenz K) und seiner Auftretenswahrscheinlichkeit (Kontingenz C) gibt – dargestellt in Abbildung 2. Die behavioristischen Theorien konzentrieren sich in ihrem Beschreibungsumfang dabei überwiegend auf manifestes, beobachtbares Verhalten. Das Verhalten selbst gilt dabei nicht als direkt beeinflussbar, sondern wird indirekt gesteuert durch die Stimuli, die es auslösen sollen, und die Verhaltenskonsequenzen, die die Auftretenswahrscheinlichkeit eines Verhaltens erhöhen oder verringern.

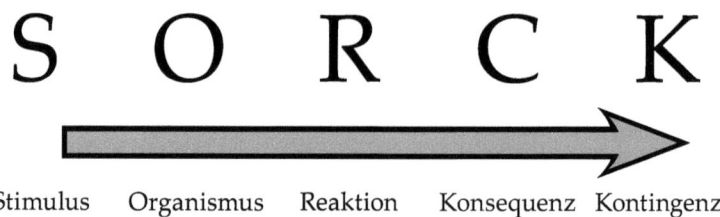

Abbildung 2   Das SORCK-Schema behavioristischer Theorien

Theorien, die die Verknüpfung zwischen einem Stimulus und dem nachfolgenden Verhalten (Reaktion) beschreiben, werden dem Klassischen Konditionieren zugeordnet. In ihnen wird die Verbindung einer im Verhaltensrepertoire eines Individuums vorhandenen Reaktion (Reflexantwort) mit einem neuen auslösenden Reiz beschrieben. Der ursprünglich notwendige Reiz zur Reflexauslösung ist in der Folge nicht mehr notwendig, um die Reaktion auszulösen, wenn der neue – konditionierte – Stimulus auftritt. Klassisches Konditionieren baut auf der Reflexausstattung des Individuums auf – neues Verhalten kann nicht entstehen, nur die Häufigkeit und die Bedingungen des Auftretens bereits angelegter Verhaltensweisen können verändert werden. Das Verhalten selbst ist nicht willentlich steuerbar und nicht an Motive geknüpft. Zugeordnete Phänomene sind: Löschung (Extinktion), Reiz-Generalisierung und Reiz-Diskrimination. Theorien, die die Verknüpfung zwischen der Reaktion (dem Verhalten) des Individuums und den darauf folgenden Verhaltenskonsequenzen beschreiben, werden dem operanten oder instrumentellen Konditionieren zugeordnet. Spezifisch dafür ist, dass es (wie das Klassische Konditionieren) auf der natürlichen Verhaltensausstattung des Individuums aufbaut. Es setzt aber Bedürfnisse oder Motive (Verstärker) des Individuums voraus, also Lockmittel und Befürchtungen, mit denen man von außen das Individuum anregen kann, das spontane Verhalten zukünftig häufiger oder seltener zu zeigen. Die Verhaltenshäufigkeit steigt oder sinkt in Abhängigkeit vom Auftreten bzw. Ausbleiben positiver oder negativer Konsequenzen (Verstärker), das Verhalten ist konsequenzgesteuert und zukunftsorientiert.

Von Bedeutung für die Nachhaltigkeit des Lernerfolgs durch operantes Konditionieren ist dabei die Wahrscheinlichkeit des Auftretens der Verhaltenskonsequenzen, die als Kontingenz bezeichnet wird. Tritt nie eine Konsequenz auf, bleibt das Verhalten spontan und zufällig. Tritt die positive oder negative Konsequenz in der Lernphase immer auf, so verliert sich das Verhalten schnell, wenn nach der Lernphase das Verhalten auch spontan gezeigt werden soll, da es zu stark mit der Lernbedingung geknüpft ist. Die Pause zwischen Verhalten und Konsequenz darf allerdings auch nicht zu groß werden, damit das Individuum den Zusammenhang – die zeitliche Kopplung – lernen kann. Als am wirkungsvollsten haben sich in Verstärkerplänen intermittierende und zufällige Verstärkergaben gezeigt – die Konsequenz zeigt sich also nicht immer und nicht systematisch. So lernt das Individuum gleichzeitig die Verknüpfung zwischen Verhalten und Konsequenzen aber auch eine gewisse Unsicherheit darüber, ob die Konsequenz wirklich eintreten wird.

Die Organismusvariable ist erst spät in die behavioristischen Theorien integriert worden. Sie beschreibt, dass es individuelle Lernvoraussetzungen beim Menschen gibt, die ihm auch im eher mechanistischen Prozess der Stimulus-Reaktion-Verhaltensverknüpfung Lernen erleichtern oder erschweren können. Diese mitzuberücksichtigen, erhöht die Wahrscheinlichkeit des Lernerfolgs behavioristisch ausgerichteter Lehrtechniken. Eine direkte Einflussnahme auf die Reaktion ist gemäß dieser Theorien nicht möglich, da die Reaktion unmittelbar erfolgt und sozusagen vorbestimmt ist. Die Lehrperson kann jedoch an den anderen Stufen einsetzen, wie in Tabelle 5 dargestellt und nachstehend weiter erläutert wird:

Tabelle 5   Unterrichtsgestaltung in Abhängigkeit vom behavioristischen Paradigma

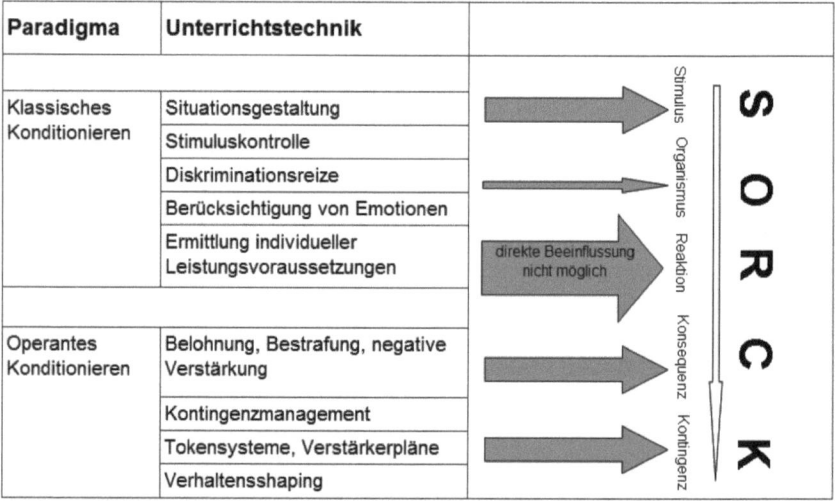

- **Situationsgestaltung**: Ein Dozent nimmt wahr, dass der enge und überfüllte Vorlesungssaal zu Unruhe bei seinen Studierenden führt. Er bemüht sich um einen größeren Raum, um der Unruhe vorzubeugen.
- **Stimuluskontrolle**: Eine Mutter reagiert auf das große Interesse ihrer Tochter an Messern, indem sie alle Messer und scharfen Gegenstände gut verschlossen und außerhalb der Sichtweite ihrer Tochter aufbewahrt.
- **Diskriminationsreize**: Während der theoretischen Ausbildung reagieren die Berufsschüler nach lockeren Phasen auf ein scharfes „Nun ist genug!" mit erneuter Disziplin.
- **Berücksichtigung von Emotionen**: Emotionales Geschehen beim Lernenden ist häufig klassisch konditioniert. Schon beim Geruch des Desinfektionsmittels im Schulflur tauchen auch noch beim Erwachsenen unangenehme Erinnerungen auf, die er mit der Schule verbindet.
- **Ermittlung individueller Leistungsvoraussetzungen**: Im Sprachunterricht erfragt die Dozentin, ob sie von allen gut gehört werden kann. Schwerhörige Teilnehmende bittet sie, in der ersten Reihe Platz zu nehmen.
- **Belohnungen, Bestrafungen, negative Verstärkungen** (das Ausbleiben erwarteter Konsequenzen): Den Studierenden wird in Aussicht gestellt, dass das Seminar zehn Minuten früher endet, wenn intensiv mitgearbeitet wird.

Der Lernende im Zentrum 43

- **Kontingenzmanagement**: Ein Vater entscheidet sich dafür, sein Kind nur noch gelegentlich für gute Noten zu loben, damit das Kind sich nicht mehr nur des Lobes wegen in der Schule anstrengt.
- **Tokensysteme, Verstärkerpläne**: Für richtig gelöste Aufgaben bekommen die Kinder einen Klebepunkt. Für falsche Aufgaben wird ihnen ein Klebepunkt durchgestrichen. Zehn Klebepunkte können gegen ein kleines Spielzeug eingetauscht werden.
- **Verhaltensshaping**: Die Rückmeldungen eines Trainers werden immer spezifischer und differenzierter, bis aus den ersten Sprungversuchen der Eisläuferin ein perfekter Doppelaxel geworden ist.

Zweierlei mag an diesen Beispielen deutlich werden. Zum einen: behavioristische Unterrichts- und Erziehungstechniken sind im Alltag nach wie vor ein häufig beobachtbares Phänomen. Scherzhaft (und doch mit ernstem Hintergrund) vermuten wir, dass noch immer rund 80 % des Erziehungsalltags von Kindern aus erwachsener „Erpressung" und „Bestechung" bestehen. Dies führt unmittelbar zum zweiten Aspekt: das mechanistische Menschenbild des Behaviorismus, das sich wenig um innere Zustände, Ziele und Wünsche des Lernenden kümmert, erscheint immer weniger zeitgemäß und dem Anspruch eines Lernens als aktives, selbstbestimmtes „Handeln im Kontext" angemessen. Lehrkräfte, die sich ausschließlich auf behavioristische Unterrichtstechniken verlassen, schaffen zwischen sich und den Lernenden eine Distanz, die die zum Lernen notwendige emotionale Beziehung längerfristig unmöglich macht.

4.3.2 Die Spezifik kognitivistischer Lerntheorien

Kognitivistische Lerntheorien verneinen nicht völlig die behavioristischen Anschauungen, sie betonen jedoch, dass menschliches Lernen über Reiz-Reaktionsverknüpfungen hinausgeht. Die Annahmen im Einzelnen:

- Lernen ist innengesteuert und relativ bewusst
- Menschen befinden sich in einem Erkenntnisprozess
- Handeln wird durch Denken bestimmt
- kognitive Repräsentationen dienen als Bindeglied zwischen äußeren Einflüssen und individuellem Handeln
- Reize werden bewertet und verarbeitet
- kognitive Repräsentationen werden bestimmt durch ihren Inhalt, den Informationskanal und die Art ihrer Repräsentation

- Assimilations- und Akkommodationsprozesse führen zu einer Adaptation zwischen äußerer Welt und ihrer inneren Repräsentation im Lernenden
- Lernen führt zum Wissenserwerb, dieser macht Verhaltensänderungen möglich, aber nicht notwendig.

Aus kognitivistischer Sicht genügt es nicht, eine Situation vorzugeben – Lernen findet nicht automatisch statt. Vielmehr müssen Voraussetzungen geschaffen werden, die die Lernenden dazu anregen, sich mit dem Lehrmaterial auseinanderzusetzen. Lernende bilden aktiv kognitive Repräsentationen – und sie tun dies auf unterschiedliche Weise. Die Lehrkraft muss hier neue Formen der Rückmeldung nutzen – es genügt nicht, vordergründig Gelerntes abzufragen. Kognitive Lerntheorien können erklären, warum Lernende nicht alle gleich lernen – selbst wenn sie scheinbar alle die gleichen kognitiven Voraussetzungen mitbringen.

Der Schweizer Psychologe Jean Piaget (1896–1980) war zweifelsohne einer der wichtigsten Vertreter eines Lernverständnisses, das vom aktiven Handeln des Individuums ausgeht und seine Erkenntnisprozesse beschreibt. Schwierig ist es, seine Theorie menschlichen Denkens und menschlicher Erkenntnis eindeutig einem kognitivistischen oder konstruktivistischen Paradigma zuzuordnen. Hier bestätigt sich, dass sich die einzelnen Paradigmen des Lernens nicht gegenseitig ausschließen, sondern nur unterschiedliche Standpunkte in der Sicht auf das Lernen beschreiben und demzufolge auch unterschiedliche Beschreibungsumfänge haben. Konstruktivistisch ist an Piagets Theorie die Idee der individuellen Konstruktion von Repräsentationen der Umwelt nach aktiver Auseinandersetzung mit ihnen. Demgegenüber waren Piagets Auffassungen von der Richtigkeit und Angemessenheit naturwissenschaftlicher Gesetze aus heutiger konstruktivistischer Sicht recht konservativ. Die Existenz einer „richtigen" (ontologischen) Welt und das sich daraus ergebende Entwicklungsziel, dass ein Lernender die Welt irgendwann „richtig" verstanden haben soll, hat Piaget kaum bezweifelt. Insofern ist er eher als Kognitivist zu bezeichnen, der die Prozesse beschreibt, wie Erkenntnis und Wissen individuell repräsentiert werden, ohne dabei im konstruktivistischen Sinne Erkenntnis und Wissen selbst infrage zu stellen.

> „Kognition ist der Ausdruck für jeden Prozess, durch den das Lebewesen Kenntnis von einem Objekt erhält oder sich seiner Umwelt bewusst wird." (Wagenknecht, 1996, S. 1085) Zur Kognition gehören damit alle Prozesse von Wahrnehmung, Erkennen, Vorstellen, Urteilen, Gedächtnis, Lernen, Sprache und Denken.

Das Denken stellt dabei eines der wichtigsten Instrumente des Menschen dar, seine Umwelt und sich selbst zu erkennen. Denken selbst ist schwer zu definieren, es wird meistens operational als das „Herstellen von Ordnungen in der angetroffenen Welt" (Jorswieck, 1996, S. 346) erklärt. Durch Denken werden Sinneserfahrungen mit bereits abgespeicherten Repräsentationen verglichen. Es werden Gleichheit, Ungleichheit oder Ähnlichkeit von Gegenständen bzw. ihren Repräsentationen, Beziehungen zwischen Gegenständen und Beziehungen zwischen Repräsentationen festgestellt. Dabei strebt das Individuum nach einem Gleichgewicht bzw. einer Balance zwischen dem, wie es die Welt aktuell erlebt, und dem, was es von der Welt glaubt oder weiß.

Für den Erkenntnisgewinn bedient sich das Individuum verschiedener Operationen („geistige Werkzeuge"). Mit diesen Operationen kann das Individuum Probleme lösen und Ableitungen vornehmen. Entwicklung ist bei Piaget durch den Zugewinn an solchen geistigen Werkzeugen gekennzeichnet. Mit ihrer Hilfe werden vom Individuum Schemata aufgebaut, die als zweckmäßige Vorstellungen des Individuums von Umweltgegebenheiten bezeichnet werden können. Jeder, der ein Bild von „Hunden" im Kopf hat, hat sich ein Schema von Hunden aufgebaut, und dieses Bild kann sich aufgrund neuer Erfahrungen ändern. In der Entwicklung verändern sich entwicklungsgesetzmäßig die Strukturen (Schemata und ihre Verbindungen) der menschlichen Erkenntnis. In der Entwicklung invariant bleiben die Funktionen Assimilation und Akkommodation. Mit ihnen bemüht sich das Individuum, sein Bild von der Welt mit den aktuellen Eindrücken von der Welt im Gleichgewicht zu halten.

Assimilation ist dabei die zunächst bevorzugte Funktion: Die Welt wird aktiv vom Individuum so gesehen, dass sie zu den abgespeicherten Vorstellungen von der Welt passt. Erinnern Sie sich noch an Ihre erste Liebe? Sie haben Ihren Partner damals so gesehen, wie er Ihrer Vorstellung nach sein sollte, und alle davon diskrepanten Informationen entweder umgedeutet oder nach Möglichkeit ignoriert. Genauso ist es auch beim Denken und Lernen des Menschen. Zunächst werden alle neuen Wissensbestände nach Möglichkeit zu bereits vorhandenem Wissen passend gemacht. Erst wenn dies aufgrund zu großer Diskrepanzen und neuer Erkenntnisse nicht mehr gelingt, wird auf Akkommodation zurückgegriffen: die aufgebauten Schemata und Repräsentationen werden umgebaut, so dass sie mit der äußeren Realität wieder im Einklang stehen. So kann sich auch das Bild von Ihrer ersten Liebe im Nachhinein geändert haben, und Sie wundern sich heute, wieso Sie alles „durch die rosarote Brille" gesehen haben. Lassen Sie sich aber durch dieses eher ironische Beispiel nicht davon ablenken, dass der Prozess von Assimilation und Akkommodation einen Grundprozess jeglichen Lernens darstellt und quasi jede Sekunde des Lernens und Lebens begleitet.

Das Gleichgewicht zwischen Subjekt und Umwelt ist immer prekär, jederzeit kann eine neue Erkenntnis entstehen, die das aktuelle Wissen von der Welt grundsätzlich infrage stellt. Wissenserwerb im konstruktivistischen Sinne ist immer durch Abbau bereits vorhandenen Wissens und Konstruktion neuen Wissens gekennzeichnet. „Wir bauen auf und reißen nieder, so haben wir Arbeit immer wieder", ganz im Sinne dieses Bauarbeitermottos kann auch der Kampf Lernender (und Lehrender) um ein Höchstmaß an Aktualität von Wissen und Gleichgewicht zwischen äußerer Erkenntnis und innerer Repräsentation verstanden werden.

Für Lernunterstützung ergeben sich daraus die Forderung und auch die Schwierigkeit, Differenzen zwischen der aktuellen Sichtweise und der tatsächlichen „richtigen" Sicht auf die Welt zu erzeugen oder aufzuzeigen und dadurch Akkommodationsprozesse anzuregen. Werden solche Differenzen vom Individuum nicht gesehen (denken Sie an die wohlgemeinten Bemerkungen, die Freunde über Ihren ersten Partner gemacht haben…), so bleibt ein Lernen aus. Lehrkräfte müssen von daher die Vorkenntnisse und subjektiven Theorien von Lernenden erkennen, um die Lernunterstützung ganz individuell gestalten zu können. Sie müssen die neuen Informationen so aufbereiten, dass sie die bestehenden Kenntnisse und Informationen möglichst gut ergänzen oder leicht ersetzen können. Die neuen Informationen selbst müssen vom Lernenden als nützlicher empfunden werden als die bisherigen Repräsentationen der Welt. Von daher ist es immer zu empfehlen, zunächst von der praktischen Relevanz der Thematik auszugehen und dann die theoretischen Hintergründe des neuen Wissens zu erläutern. Realität im pädagogischen Alltag in Deutschland ist jedoch häufig genau das umgedrehte Phänomen: zunächst wird die Theorie beschrieben und dann erst überlegt, wofür sie in der Praxis gut sein könnte.

Darüber hinaus gelingt Lernunterstützung im kognitivistischen Verständnis nur dann, wenn sie dem aktuellen Entwicklungsstand im Denken des Individuums angemessen ist. Hier erweisen sich häufig Gleichaltrige als bessere Lehrer als die eigentlichen Lehrpersonen. Lev Vygotzky (1978) hat dieses Phänomen in seiner Theorie der Zone der nächsthöheren Entwicklung beschrieben. Er kennzeichnet zwei Fähigkeitsniveaus, die ein Lernender aktuell in sich vereint. Ein Fähigkeitsniveau kennzeichnet sein aktuell gezeigtes Leistungsvermögen, und ein Fähigkeitsniveau kennzeichnet das Leistungsvermögen, das das Individuum unter optimaler Unterstützung und Anleitung derzeit höchstens erreichen könnte. Andere Personen, die sich aktuell gerade auf diesem Niveau der „nächsthöheren Entwicklung" befinden, können am besten die Lernunterstützung für diesen Entwicklungsschritt geben. Sie kennen noch das Denken von eben, haben aber bereits auch verstanden, was das neue Denken komfortabler macht. Pädagogen in seiner Tradition betonen den sozialen Austausch beim Lernen, der von den Lehrkräften mehr begleitet, denn gesteuert wird.

4.3.3 Forderungen an Lernunterstützung aus konstruktivistischer Sicht

Der Ansatz, das Wissen selbst kritisch in den Blick zu nehmen und unsere Sicherheit über die Gegebenheiten der Welt ins Wanken zu bringen, kennzeichnet den konstruktivistischen Ansatz. In seiner extremen Form geht er davon aus, dass Wirklichkeit nicht per se existiert, sondern von den Individuen lediglich konstruiert wird. Die Bedeutung einer Situation ist also nicht vorgegeben. Verständigung kann nur erfolgen, wenn die Wirklichkeitskonstruktionen von verschiedenen Individuen aufeinander abgestimmt erfolgen. Dabei ist der Ausgang ungewiss. Es kann sich keine Wahrheit durchsetzen, sondern nur die Konstruktion von Wirklichkeit, auf die man sich angesichts der unterschiedlichen Auffassungen am ehesten verständigen kann.

Einige der Grundannahmen des Konstruktivismus hier im Einzelnen:

- Wissen wird konstruiert, indem in Abhängigkeit von bisher gemachten Erfahrungen Wahrnehmungen interpretiert werden.
- Die Existenz einer realen (ontologischen) Welt ist zweifelhaft.
- Wissen ist Ergebnis intraindividueller Prozesse von Wahrnehmung, Interpretation und Verknüpfung mit Vorwissen.
- Bedeutungen werden sozial ausgehandelt.
- Metakognitive Prozesse sollen sicherstellen, dass die aktuelle Interpretation der Welt noch angemessen ist.

Theoretisch gäbe es unendlich viele Möglichkeiten der Wirklichkeitsinterpretation. Diese findet jedoch in einem sozialen Kontext statt, und somit erfolgt eine Orientierung an der eigenen Vorerfahrung und an den Reaktionen und Verhaltensweisen anderer. In der Verständigung wird das konstruierte Wissen auf seine Viabilität, also seine Überlebensfähigkeit, getestet. Der Glaube, dass die Erde eine flache Scheibe sei und im Zentrum des Universums steht, hat sich angesichts neuer Beobachtungen als nicht überlebensfähig erwiesen. Aber auch das heliozentrische Weltbild hat nur solange Bestand, bis es eine noch bessere Erklärung für die beobachteten Phänomene gibt.

Für die Lernunterstützung ergeben sich daraus viele Anforderungen, die durchaus das Selbstverständnis traditioneller Lehre in Frage zu stellen vermögen: „Ich weiß als Lehrkraft vielleicht auch nicht mehr als meine Schüler?" – „Ist mein Wissen wirklich relevant und nützlich für die Lebenswelt der Lernenden?" – „Kann mein Wissen wirklich ihr Wissen sein?" – „Wie soll Stoff vermittelt werden?" – „Und ist Stoffvermittlung überhaupt noch erlaubt?" – „Wie können Schülerleistungen überhaupt noch bewertet werden, wenn die Richtigkeit oder Falschheit von Wissen so grundsätzlich in Frage gestellt wird?" Statt von Lehren wird eher von „Lernunterstützung" ausgegangen. Es geht dabei nicht darum, Wissen zu übertragen, sondern Diskurs, Reflexion, Selbstkontrolle und Neugierde zu fördern.

Kersten Reich (2008) beschreibt die Grundprinzipien des konstruktivistischen Lernens in drei zentralen Begriffen, die in Tabelle 6 aufgeführt sind:

Tabelle 6   Drei Grundprinzipien konstruktivistischen Lernens

Konstruktion – das Erfinden von Wirklichkeit	Selbst erfahren, ausprobieren, experimentieren, immer in eigene Konstruktionen idealer oder materieller Art überführen und in den Bedeutungen für die individuellen Interessen-, Motivations- und Gefühlslagen thematisieren.
Re-Konstruktion – das Entdecken von Wirklichkeit	Zeit, Raum und soziale Welt, unsere Lebensformen in unserer Kultur, werden zwar angeeignet, indem wir sie – psychologisch betrachtet – konstruktiv verarbeiten, aber hierbei erfinden wir nicht alles neu. Immer mehr Lernzeit wird darauf verwendet, die Erfindungen anderer für uns nach zu entdecken.
De-Konstruktion – das Enttarnen von Wirklichkeit	Der zufrieden zu einer Übereinstimmung mit sich und anderen gelangte Beobachter wird vor ein weiteres Problem gestellt: „Es könnte auch noch anders sein!"

In Lehrsituationen gelingt die Umsetzung des konstruktivistischen Verständnisses am besten, wenn folgende Anforderungen berücksichtigt werden (nach Mandl, Gruber & Renkl, 1997):

- **Komplexe Ausgangsprobleme schaffen**: Diese sollten von den Lernenden als interessant, herausfordernd, vertraut und trotzdem neu sowie lebensweltnah empfunden werden.
- **Authentizität der Anforderung**: Diese sollten soweit wie möglich über reale Situationen dargestellt werden, damit von Anfang an auch die Anwendung des Wissens gelernt werden kann. Gelingt dies nicht, so eignen sich auch situierte Anwendungskontexte, zum Beispiel über offen formulierte Problemfelder und Anker.
- **Multiple Kontexte/Multiple Perspektiven**: Je mehr Kontexte dargestellt werden und je mehr unterschiedliche Perspektiven auf das Problemfeld ermöglicht werden, umso flexibler und anwendbarer wird das in ihnen erarbeitete Wissen.

- **Sozialer Kontext**: Lernsituationen sollen das gemeinsame Erarbeiten und Anwenden von Lösungen im Austausch anregen. Dabei empfiehlt es sich, eine Expertenkultur anzuregen, in der die Erarbeitung von spezifischem Wissen verteilt wird, die Erkenntnisse aber zur Nutzung aller aufbereitet und dokumentiert werden.
- **Artikulation und Reflexion**: Lernumgebungen sollen die Artikulation und Reflexion der Problemlösungsprozesse unterstützen. Es empfiehlt sich, eine kontinuierliche Dokumentation des Lernprozesses anzuregen, sodass der Prozess des Lernens selbst, nicht die Lernresultate, nachhaltig bewusst bleiben. Dies kann über Portfolios oder Lerntagebücher (im Kleinkindbereich über Bildungs- und Lerngeschichten) erfolgen.

Auch diese Art von Lehren und Lernen findet sich bereits vielfach im Unterricht, wenn auch vielleicht gemischt mit eher behavioristisch oder kognitiv gefärbten Vorgehensweisen. Bildungspläne für den frühkindlichen Bereich und viele Unterrichtsmaterialien in Grund- und weiterführenden Schulen sind bereits am konstruktivistischen Lehrverständnis ausgerichtet. Es liegt jedoch nach wie vor in den Händen der einzelnen Erzieher und Lehrkräfte, diese auch tatsächlich wirksam werden zu lassen. Staub und Stern (2002) konnten nachweisen, dass die Auffassung der Lehrkraft selbst schon wichtige Weichen dafür stellt, welches Verständnis die Kinder entwickeln. Auch im verständnisorientierten Unterricht wird allerdings das Üben nicht vernachlässigt, und hier profitieren insbesondere die schwächeren Kinder.

4.4 Die Lehrkraft im Spiegel der Paradigmen des Lernens

Je nachdem, welcher Lerntheorie gefolgt wird – wie Lehren und Lernen konzipiert werden – kommen der Lehrkraft unterschiedliche Funktionen zu:

- **Transfer des richtigen Wissens und Verhaltens** – das behavioristische Modell

Im Zentrum steht *Faktenwissen* („know-that"). Die Lehrkraft vermittelt das richtige Wissen und Verhalten, fokussiert auf den Erwerb und das Erinnern von Wissen und zielt auf die Wiedergabe korrekter Antworten und Verhaltensweisen. Sie verwendet Strategien zum Merken und Wiedererkennen, lehrt, erklärt, regt an, belohnt und tadelt. Wissen wird abgelagert, richtige Antworten sind das primäre Lernziel. Lernfehler gelten als bedrohlich, da sie den Lernfortschritt in Frage stellen. Es gilt, Fehler zu vermeiden. Der Lernerfolg ist hergestellt, wenn die Input-Output-Relation korrekt ist. Die Lehrkraft ist dabei eine Autorität, da sie über das richtige Wissen verfügt und dessen korrekte Wiedergabe einfordern darf. Ihre Strategie lautet lehren. Das Feedback ist extern vorgegeben und an der Richtigkeit der Reaktionen der Lernenden ausgerichtet.

- **Förderung als Tutor** – das kognitivistische Modell

Im Zentrum stehen *Prozeduren* und *Verfahren* („know-how"). Die Lehrkraft sucht und fördert Dialog, fokussiert auf Üben und Problemlösen, zielt auf die Auswahl und Anwendung der korrekten Methoden, verwendet Strategien, die Fähigkeiten und Fertigkeiten fordern. Sie beobachtet, hilft und zeigt vor. Ihr Ziel ist es, dass die richtigen Lösungen vom Lernenden erkannt und verstanden werden. Wissen wird verarbeitet. Primäres Lernziel sind die richtigen Wege zur Antwortfindung. Die Lehrkraft richtet ihre Lernunterstützung an den Lernvoraussetzungen des Lernenden aus. Schwächere Schüler fördert sie mehr als stärkere, bei denen sie wiederum eher auf die Selbstständigkeit der Problemlösung vertraut. Dabei nimmt die Lehrkraft die Rolle des Tutors – also des Lernunterstützers – ein, der den Schülern hilft, von selbst auf die besten Lösungen zu kommen, auch wenn diese Lösungen vielleicht im Kopf der Lehrkraft bereits existieren. Er gibt externes Feedback, das an der Problemstellung und den Lösungsversuchen der Schüler modelliert wird.

- **Unterstützung als Coach** – das konstruktivistische Modell

Im Zentrum stehen *soziale Praktiken* („knowing-in-action"). Die Lehrkraft begibt sich in Interaktion, fokussiert auf reflektierendes Handeln und Erfinden und zielt auf die Bewältigung komplexer Situationen. Dabei verwendet sie Strategien, die Verantwortung und Lebenspraxis fördern und ermöglichen. Sie ermöglicht, kooperiert und sucht gemeinsame Umsetzung. Wissen versteht sie als konstruiert und individuell, nicht statisch. Das Feedback ist intern in den Schülern modelliert und ergibt sich daraus, wie lebensangemessen und alltagstauglich ihre Konstruktionen von Wissen sind. Dabei verfolgen die Schüler ihre eigenen Lernziele und Entwicklungsaufgaben. Als Coach begleitet die Lehrkraft den Lernenden bei dessen Selbstbildungsprozessen und hilft ihm, autonom und selbständig zu sein. Seine Lösungsideen für komplexe Situationen sind dabei nur eine Idee unter vielen, die im Austausch diskutiert werden und sich behaupten müssen.

4.5 Zusammenfassung und weiterführende Literatur

Die wichtigsten Grundlagen für das Verständnis von Lernen und Lehren sind nun gelegt. Wir haben den Begriff des Lernens definiert und ihn in unterschiedlichen Theorietraditionen betrachtet. In unserem Leitschema von „Entwicklung als Handeln im Kontext" haben wir den Lernenden selbst, seine Wahrnehmung von Entwicklungs- und Lernaufgaben und seine individuellen Versuche ihrer Bewältigung ins Zentrum gestellt. Diesem handlungsorientierten und individuumszentrierten Verständnis von Lernen und Entwicklung werden – das ist sicher deutlich geworden – die Theorien des Lernens unterschiedlich stark gerecht. Während im mechanistischen Menschenbild der behavioristischen Theorien der Mensch zum Lernen gebracht werden muss, sind seine Möglichkeiten der Selbstbestimmung im kognitivistischen Paradigma weit größer und im konstruktivistischen Verständnis die Grundlage für das Wissen selbst. Daraus ergeben sich unterschiedliche Anforderungen für die Gestaltung von Lehr-Lernsituationen, die wir bereits angedeutet haben, und es ändern sich die Aufgaben der Lehrkräfte im Spiegel der Lernparadigmen.

Literaturempfehlungen:

Wollen Sie selbst einmal ein Tier konditionieren? Sniffy – die virtuelle Ratte (Alloway, Wilson, Graham & Krames, 2000) – gibt Ihnen am Computer dazu die Gelegenheit.

„Wie wirklich ist die Wirklichkeit?" fragt Paul Watzlawick (2010) in der bereits achten Auflage seiner berühmten Auseinandersetzung mit unseren Vorstellungen von Realität, Wahrheit und persönlicher Erfindung von Wirklichkeit.

Sehr konkrete Anregungen für konstruktivistische Unterrichtsgestaltung finden sich im Methodenpool von Kersten Reich an der Universität Köln unter methodenpool.uni-koeln.de.

Axel Hacke (2004) hat wunderschöne Beispiele dafür zusammengetragen, wie man sich – in Abhängigkeit vom eigenen Vorwissen – verhören kann.

5 Individuelle Interessen – Die Zielorientierungen und Motive von Lernenden

Wie setzt sich der Einzelne mit den an ihn gestellten Anforderungen auseinander? Was sind eigentlich die Lern- und Entwicklungsziele des Lernenden selbst? Warum lernen Individuen, was macht ihnen das Lernen leicht, was macht ihnen das Lernen schwer? In den folgenden Abschnitten werden die individuellen Interessen des Lernenden ins Zentrum der Betrachtungen gestellt. Seine Interessen, Ziele und Motive sowie seine das Lernen begleitenden Emotionen gehören ebenfalls zum Lernkontext, in dem die aktuelle Bearbeitung von Lern- und Entwicklungsaufgaben stattfindet.

5.1 Welche Ziele verfolgen Lernende?

Wir haben bereits ausgeführt, dass Lernen in unterschiedlichen Kontexten stattfindet, dass Individuen unterschiedliche Erfahrungen und Möglichkeiten mitbringen, und dass es beim Lernen um eine Erweiterung des Handlungsspielraums geht. Lernen ist also eine Aktivität der Lernenden. Den Lehrkräften kommt dabei die Funktion von Unterstützung und Förderung zu – eine direkte Einflussnahme auf das Lernen ist ihnen nicht möglich. Lernende bringen jedoch nicht nur unterschiedliche Erfahrungen und Möglichkeiten mit; Lernen findet in unterschiedlichen Phasen des Lebens und zu unterschiedlichen Zwecken – Schulausbildung, Berufsausbildung, Freizeitaktivitäten usw. – statt. Damit geht einher, dass Lernende unterschiedliche Motivationen und Motive haben und ihre eigenen Ziele verfolgen, die nicht immer zwangsläufig mit den Zielen der jeweiligen Bildungseinrichtung oder Lehrkraft überein stimmen.

Denken Sie daran, Erziehung ist nur dann möglich, wenn sich der zu Erziehende auch erziehen lassen will. Und nachhaltiges Lernen findet nur dann statt, wenn Stoff, Art der Vermittlung und Lerntempo an den Interessen der Lernenden ausgerichtet sind. Fragen Sie sich dabei selbst: Wie viel „Stoff" wurde früher in Ihrem Unterricht durchgenommen? Und wieviel davon ist tatsächlich „hängengeblieben"? Bitte nehmen Sie sich die Zeit, für sich selbst zu überprüfen, was das für Inhalte waren, die tatsächlich längerfristige Spuren bei Ihnen hinterlassen haben. Zumeist werden es die Inhalte sein, für die Sie selbst ein Interesse hatten, die Ihnen als nützlich erschienen und die Sie im Alltag anwenden konnten. Vielleicht sind es aber auch die Inhalte, die Ihnen attraktiv vermittelt wurden, deren Lernen Ihnen Anerkennung im sozialen Vergleich verschafft hat oder für deren Darbietung Sie unmittelbare Belohnung erfahren haben. Die Unterscheidung von Lernzielen und Leistungszielen Lernender hat genau hier ihren Ursprung.

5.1.1 Lernziele und Leistungsziele

Die Zielorientierung von Lernenden kann in zwei Gruppen eingeteilt werden – Lernziele und Leistungsziele:

> Lernzielorientierung (Mastery) ist die Überzeugung, die eigenen Fähigkeiten unabhängig von der eigenen Begabung steigern zu können, wenn entsprechende Anstrengung aufgebracht wird. Sie wird häufig auch als *„Aufgabenorientierung"* bezeichnet und ist eher bei attraktiven, authentischen Aufgaben vorhanden. Bei starker Lernzielorientierung wird der Lehrer als Förderer angesehen. Die Ursache für Misserfolg wird in zu geringer Anstrengung gesehen. Die Lernzielorientierung steigt nach anstrengungsbezogenen Feedbacks durch die Lehrkraft.
>
> Leistungszielorientierung (Performance) kennzeichnet die vornehmliche Beschäftigung mit Leistungszielen und sozialem Vergleich. Gütemaßstab sind die Leistungen anderer. Sie wird häufig auch als *„Ich-Orientierung"* bezeichnet. Das Leistungsverhalten ist überwiegend extrinsisch motiviert. Bei starker Leistungszielorientierung herrscht das Bemühen vor, ständig eigene Stärken zu zeigen. Wenn die Ursache für eigenen Misserfolg dazu noch in geringer Begabung gesehen wird, kann Hilflosigkeit entstehen. Die Leistungszielorientierung steigt nach fähigkeitsbezogenen Feedbacks durch Lehrkräfte.

Einige Items mögen diese Zielorientierungen verdeutlichen (Tabelle 7).

Tabelle 7   Beispielitems zu Zielorientierungen

„Ich fühle mich in der Schule wirklich zufrieden, wenn ich …	
Lernzielorientierung	Leistungszielorientierung
• herausfinde, wie ich eine Aufgabe lösen kann, • intensiv arbeite, • das Gelernte für mich Sinn macht, • zum Nachdenken angeregt werde.	• mehr weiß als die anderen, • bessere Noten bekomme als andere, • als einziger die richtige Antwort weiß, • vor meinen Mitschülern fertig bin

Eine Orientierung an *Lernzielen* fokussiert auf die Aufgabe und kann durch anstrengungsbezogenes Feedback durch die Lehrkraft gesteigert werden – denn Ursachen für Misserfolg werden in zu geringer Anstrengung gesehen. Lernende wollen intensiv arbeiten, angeregt werden und suchen nach Sinn im Gelernten. Eine Orientierung an *Leistungszielen* kann für Lernende jedoch problematisch sein – sie wollen besser sein und mehr wissen als andere, allerdings fehlt ihnen der Glaube an die Wirksamkeit eigener Anstrengung; sie sorgen sich um das Ergebnis und sie sind nur in geringem Maß intrinsisch motiviert. In Studien hat sich gezeigt, dass die beiden Orientierungen statistisch nicht unabhängig sind – sie schließen sich also nicht automatisch aus und können gleichzeitig stark vorhanden sein oder auch gleichzeitig fehlen. Es gibt Hinweise darauf, dass eine hohe Leistungszielorientierung nicht automatisch negative Auswirkungen haben muss; sie wird erst dann gefährlich, wenn gleichzeitig die Lernzielorientierung des Lerners nur gering ausgeprägt ist. Ihre negativen Folgen begründen sich im Phänomen der geteilten Aufmerksamkeit: die Aufmerksamkeit des Lernenden kann sich nicht allein auf den Lernprozess konzentrieren, sondern verweilt gleichzeitig auch auf der Sorge über das Ergebnis. Dadurch ist das Lernen bei hoher Leistungszielorientierung häufig vom negativen Affekt Besorgtheit begleitet.

Der wichtigste Moderator für den Lernerfolg bei hoher Leistungszielorientierung ist die Stärke des Glaubens an die eigene Begabung (Dweck, 1986). Je nachdem, wie stark das Begabungskonzept beim Lernenden ausgeprägt ist, können Leistungsziele zu meisterndem oder auch zu hilflosem Verhalten nach Misserfolgen führen. Glaube ich als Lernender, für das jeweilige Aufgabengebiet begabt zu sein, so kann ich aktuelle Misserfolge beim Lernen auf meine mangelnde Anstrengung oder andere variable Ursachen (unangemessene Aufgaben, „schlechter Tag") attribuieren. Bin ich jedoch von meinem „natürlichen Talent" (Begabung) für das Aufgabengebiet nicht überzeugt, so muss ich den Misserfolg auf meine mangelnden Fähigkeiten schieben, was unveränderlich auch für zukünftige Aufgaben ein Scheitern nahelegt. Lernziele erweisen sich vom Begabungskonzept als unabhängig, da Lernzielorientierte ohnehin den Erfolg oder Misserfolg bei der Aufgabenbewältigung in erster Linie auf den aktuellen Grad eigener Anstrengung attribuieren.

Mueller und Dweck (1998) konnten in ihren Untersuchungen die fatale Rolle nachweisen, die ein begabungsbezogenes Feedback von Lehrkräften auf die Zielorientierungen von Schülern haben kann. Sie konfrontierten Schüler im Alter von 10 bis 12 Jahren in drei Versuchsdurchgängen zunächst mit mittelschweren, dann mit nahezu unlösbaren und dann wieder mit mäßig schweren Aufgaben. Die Bedingungsvariation in drei Untersuchungsgruppen war die Art des Feedbacks, das die Kinder nach dem ersten Durchgang erhielten. Während die eine Gruppe auf ihre Aufgabenlösung hin ein anstrengungsbezogenes Feedback bekam (z.B. „Du konntest die Aufgabe so gut lösen, weil Du Dich sehr konzentriert und angestrengt hast!"), bekam die zweite Gruppe ein begabungsbezogenes (fähigkeitsbezogenes) Feedback (z.B. „Du bist sehr intelligent, das hat sich hier wieder gezeigt!"). Das Feedback in der dritten Gruppe war neutral („Richtig gelöst!"). Allein durch diese Bedingungsvariation konnte in Gruppe eins eine hohe Lernzielorientierung und in Gruppe zwei eine hohe Leistungszielorientierung induziert werden, wie die Messung nach dem ersten Durchgang verdeutlichte. Gruppe eins zeigte sich in den weiteren Durchgängen als beharrlicher auch bei Niederlagen und hatte mehr Spaß an den Aufgaben als Gruppe zwei. Als einzige Gruppe konnte Gruppe eins ihre Aufgabenleistung über die drei Durchgänge hinweg systematisch steigern. In Gruppe zwei sank die Aufgabenleistung kontinuierlich, während die Leistung in Gruppe drei auf mittlerem Niveau verharrte.

In einer Metaanalyse (einer Zusammenfassung der Befunde aus vielen Einzelstudien) hat Utman (1997) 24 Studien miteinander verglichen, in denen die Wirkung experimentell induzierter Lern- und Leistungszielorientierungen bei Schülern – wie im Beispiel – gegenüber gestellt wurden. Dabei zeigte sich mit einer Effektstärke von $d=0.53$ die Überlegenheit von Lernzielorientierungen auf die Aufgabenleistungen. Allerdings ist dieser Effekt nicht unabhängig von der Art der gestellten Aufgaben. Gerade bei komplexen und herausfordernden Aufgaben waren die lernzielorientierten Schülern den leistungszielorientierten deutlich überlegen ($d=1.18$), wohingegen sich bei anspruchslosen, einfachen Aufgaben kein Unterschied zwischen beiden Gruppen zeigte ($d=-0.03$). Dies deutet an, dass eine hohe Lernzielorientierung die tiefere Verarbeitung und Kreativität fördert – wenn die Aufgaben entsprechend gestellt sind.

Ames und Archer (1988) konnten nachweisen, dass die Stärke von Lernzielen mit dem Einsatz von Lernstrategien, der positiven Einstellung zum Unterricht, der Suche nach Herausforderungen und der Attribution auf die eigenen Anstrengungen korrelierte. Lernzielorientierte Schüler neigten auch weniger dazu, Misserfolge auf die Lehrkraft zu schieben. Die Höhe der Leistungszielorientierung erwies sich von diesen Variablen als unabhängig. Auch das Klassenklima kann Zielorientierungen nachhaltig beeinflussen – sie sind also keine feststehenden Eigenschaften.

5.1.2 Lernmotive und Lernmotivation

Motivation beeinflusst Lernen und Lernerfolg auf vielfältige Weise. Motivation kann im Lernkontext daran erkannt werden, wie intensiv und nachhaltig an einer Aufgabe gearbeitet wird (Maehr & Meyer, 1997). Damit Motivation entsteht, muss eine Aufgabe oder Tätigkeit für eine Person wichtig sein, und es muss generell als möglich erscheinen, eine Aufgabe zu bewältigen oder ein Ziel zu erreichen. Ist Motivation vorhanden, steigt die Anstrengungsbereitschaft.

Motive lassen sich zunächst in zwei Gruppen untergliedern: man spricht von „intrinsischer" beziehungsweise „extrinsischer" Motivation.

> Motive sind in der Psychologie psychophysische Dispositionen, die ihren Besitzer befähigen, bestimmte Gegenstände wahrzunehmen und durch die Wahrnehmung eine emotionale Erregung zu erleben, daraufhin in bestimmter Weise zu handeln oder wenigstens den Impuls zur Handlung zu verspüren. Im pädagogisch-psychologischen Kontext von besonderer Bedeutung sind die Motive Interesse, Leistung, Affiliation (soziale Nähe), Neugierde. Motive sind individuell unterschiedliche, zeitlich überdauernde Wertungsdispositionen für Klassen von Verhaltensweisen in typischen Grundsituationen des Lebens.
>
> Motivation ist der aktuell in einer Situation realisierte Zustand des Motiviertseins. In pädagogisch-psychologischen Betrachtungen von besonderem Interesse sind dabei Aktivierungsgrad, die Richtung des Verhaltens, die Verhaltensintensität und die Tendenz zur Annäherung oder Vermeidung in Lernsituationen.

- **Extrinsische Motivation** bezieht sich auf Faktoren außerhalb einer Person und ist von der konkreten Aufgabe unabhängig (z.B. Zensuren, Geld oder eine andere Form von Belohnung für die Aufgabenlösung).
- **Intrinsische Motivation** liegt im Inneren einer Person und entsteht aus der Aufgabe heraus: die Aufgabe erscheint aus sich heraus sinnvoll oder lohnend, oder es bereitet schlicht Freude, die Aufgabe auszuführen.

Wenn jemand ganz und gar in einer Aufgabe aufgeht und darüber alles andere vergisst, dann kann ein „Flow"-Erlebnis entstehen (Csikszentmihaliyi, 1990).

Während Grundschulkinder häufig intrinsisch motiviert sind – sie sind begierig darauf, in die Schule zu kommen und zu lernen – nimmt diese Form der Motivation im Laufe der Jahre ab, und Schüler werden zunehmend extrinsisch motiviert (Harter, 1992). Sie beginnen z. B., sich mit anderen zu vergleichen oder übernehmen die Ansicht, dass es für ihren Erfolg im Leben wichtig ist, gute Zensuren zu haben. Sie wählen dann Schwerpunktfächer im Hinblick auf diese – externen – Ziele und nicht vorwiegend nach Neigung oder persönlicher Vorliebe. Häufig findet sich jedoch eine Mischung aus intrinsischer und extrinsischer Motivation – Belohnung kann z. B. einen Schüler oder eine Schülerin dazu motivieren, sich mit einem besonders schwierigen Thema zu beschäftigen. Wenn sich dann Erfolg einstellt, kann dies in intrinsische Motivation übergehen. Nur intrinsische Motivation kann sicherstellen, dass ein Verhalten nachhaltig aufrechterhalten und weiterentwickelt wird. Extrinsische Anreize können eine beim Schüler bereits vorhandene intrinsische Motivation überlagern (z. B. indem Schüler für Aufgabenlösungen, die sie zunächst aus eigenem Interesse begonnen hatten, Belohnungen oder Lob erfahren). Dies wird als „Korrumpierungseffekt" oder „Unterminierungseffekt" der extrinsischen Motivation bezeichnet.

Neugierde und Interesse gehören zu den wichtigsten intrinsischen Motiven von Lernenden. Sie sind frühzeitig beim Menschen zu beobachten und begleiten seine Entwicklung kontinuierlich. Deutlichstes Zeichen für ihr Vorhandensein ist das Explorationsverhalten von Lernenden, das inzwischen den Lerntheorien zugeordnet wird. Exploration ermöglicht den aktiven Erwerb neuer Verhaltensweisen und die konstruktivistische, eigenaktive Informationssuche. Sie kann objektorientiert, visuell, taktil, manipulativ oder an an sozialer Interaktion orientiert erfolgen. Im Entwicklungsverlauf wird sie zunehmend zielgerichteter und strategieorientierter.

5.1.3 Die Beschreibung von Annäherungs- und Vermeidungszielen

Neben der Unterscheidung von Lern- und Leistungszielen stellt die Einteilung von Annäherungs- und Vermeidungszielen eine weitere Möglichkeit dar, die Zielorientierungen von Lernenden zu klassifizieren. Bei der Unterscheidung in Annäherungs- bzw. Vermeidungsziele (Brunstein, Dargel, Glaser, Schmitt & Spörer, 2008) geht es darum, entweder auf ein Ergebnis aktiv hinzuarbeiten – sich ihm anzunähern – oder ein bestimmtes Ergebnis vermeiden zu wollen. Beispiele für Annäherungs- und Vermeidungsziele finden sich in Tabelle 8:

Tabelle 8   Beispiele für Annäherungs- und Vermeidungsziele

	Annäherungsziele	Vermeidungsziele
Leistungsziele (Erfolg oder Misserfolg)	exzellente Studienleistungen erbringen	in Prüfungen nicht versagen
Affektive Ziele (Freude oder Unlust)	mich begeistert mit dem Fach auseinandersetzen	nicht das Interesse am Studium verlieren
Bewältigungsziele (Herausforderung oder Überforderung)	nach neuen Herausforderungen suchen	sich nicht von Belastungen überfordern lassen
Effektivitätsziele (Optimierung oder Ineffizienz)	Arbeitstechniken im Studium optimieren	Studium nicht durch uneffektives Arbeiten gefährden

Vermeidungsziele Lernender können den Lernfortschritt auf unterschiedliche Arten behindern. Zunächst sind es die unklaren Zielkriterien, die die Handlungsplanung erschweren. Ein Annäherungsziel kann geplant werden, und seine Erreichung ist gut erfassbar. Demgegenüber bleibt die Aufmerksamkeitsausrichtung bei Vermeidungszielen immer diffus. Ein eindeutiges Erreichen des Vermeidungsziels lässt sich nie abschließend konstatieren. Häufig werden Misserfolge bei der Zielerreichung gegenüber den Erfolgen überbewertet. Negative Affekte wie Angst und Anspannung sind aktiviert, diese können die Fokussierung auf die vermeintlich negativen Folgen des Vermeidungsziels noch weiter erhöhen. All dies führt dazu, dass die intrinsische Motivation bei Vermeidungszielen eher gering ist. Auch Annäherungs- und Vermeidungsziele können gleichzeitig auftreten, und das Vorhandensein von Vermeidungszielen ist nicht automatisch für den Lernerfolg fatal. Gefährlich wird es nur, wenn einer hohen Zahl an Vermeidungszielen nur eine geringe Zahl von Annäherungszielen gegenüber steht. Balancierte Ziele aus Annäherung und Vermeidung stellen eine gute Möglichkeit dar, die Lernaufgaben realistisch zu planen und zu bewältigen.

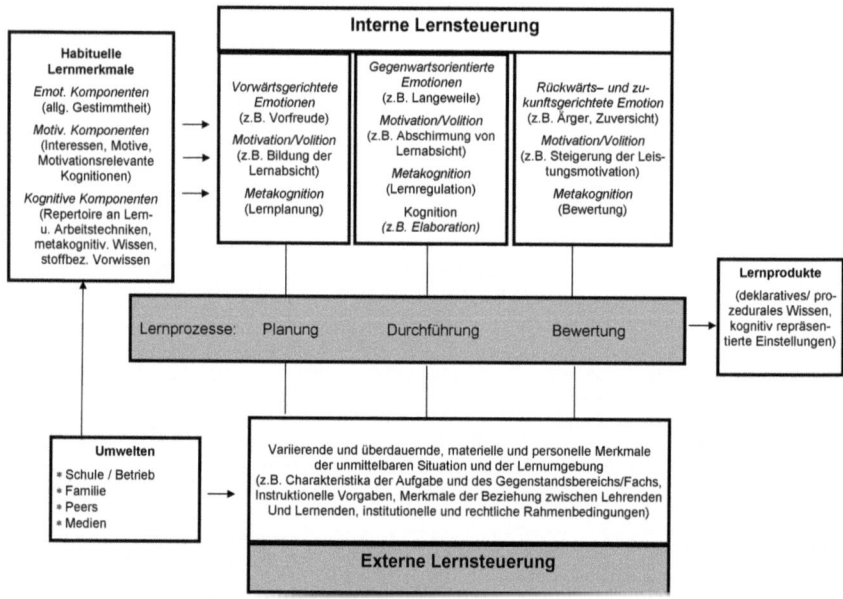

Abbildung 3   Emotionen im Lernprozess (nach Schiefele & Penkrun, 1996)

5.1.4 Emotionen beim Lernen

Die Rolle der Emotionen beim Lernen ist äußerst vielschichtig und wird zu unterschiedlichen Zeitpunkten des individuellen Lernprozesses unterschiedlich wirksam – wie in Abbildung 3 dargestellt. Einige Beispiele sollen die Zusammenhänge zwischen Lernen und Emotionen verdeutlichen:

- Auswirkungen auf die **Lernmotivation**
    - Prüfungsangst reduziert Lernfreude und intrinsische Motivation – das Lernen macht keinen Spaß, am Tag der Prüfung wird man „krank"
    - Vorfreude auf den Schulbeginn führt zu erhöhter Aufmerksamkeit und steigert die Leistungsmotivation
- Auswirkungen auf **kognitive Prozesse**
    - Angst vor der Schule führt zu negativen Kognitionen („Ich werde das nicht schaffen") und senkt die Aufmerksamkeit

- Eine positive Grundstimmung fördert holistisches Denken; bei negativer Stimmung herrscht ein eher analytisches, eingeschränktes Denken vor
- Auswirkungen auf **Lernverhalten** und **Lernstrategien**
  - Freude an der Schule führt dazu, dass intensiver gelernt wird und mehr Elaborationsstrategien zur Anwendung kommen
  - Angst kann dazu führen, dass nur eine oberflächliche Beschäftigung mit dem Lernmaterial erfolgt.

Das sogenannte „Yerkes-Dodson-Gesetz" (Yerkes & Dodson, 1908) beschreibt, dass es einen systematischen Zusammenhang zwischen dem Emotionsniveau und dem Lernerfolg gibt – sowohl zu wenig als auch zuviel emotionale Erregung wirken sich negativ aus.

Neben diesen recht konkreten Beschreibungen vom Einfluss emotionalen Geschehens auf den Lernprozess wird in der Pädagogischen Psychologie der Einfluss von persönlichen Beziehungen, die das Lernen begleiten können, häufig vernachlässigt. Die Beziehung zwischen Lernenden und Lehrenden hat jedoch entscheidenden Einfluss darauf, wie das Lernen als aktives Handeln im Kontext gelingen kann. Für das Kleinkindalter ist der Zusammenhang zwischen Bindungsverhalten und Explorationsverhalten inzwischen gut beschrieben. Aufbauend auf den Arbeiten von John Bowlby (1972), der Bindungssicherheit als ein Grundbedürfnis des Menschen beschrieb, und Mary Ainsworth (1968), die unterschiedliche Bindungstypen im Kindesalter operationalisierte, wird heute die Herstellung von subjektiver Sicherheit durch Bezugspersonen als Grundvoraussetzung für kindliches Lernen beschrieben (vgl. Ahnert, 2008, Grossmann, 2003). Neue Erkenntnisse der Hirnforschung (u.a. Hüther & Krens, 2005; Roth, 2003) haben dies nun auch durch bildgebende Verfahren im Zentralnervensystem bestätigen können. „Ohne Bindung kein Lernen" – so einfach lässt sich das Phänomen zusammenfassen, dass die Emotion Angst echte Lernfortschritte unmöglich macht.

Während im Kleinstkindalter die Rolle der Eltern als sichere Basis für die Kinder unbestritten erscheint, tun sich Pädagogen in Tageseinrichtungen und Schulen noch immer schwer, diese Rolle für die Kinder bewusst einzunehmen und zu gestalten. Gerade Lehrer sehen Respekt gefährdet, wenn sie sich in echte Beziehung zu den Schülern begeben. Der Wunsch nach Sicherheit, Angenommensein und Akzeptiertwerden „so wie man ist", kennt jedoch kein Alter. Tausch und Tausch (1963) haben die vier humanen Grundhaltungen beschrieben, die Lehrende ihren Lernenden gegenüber zeigen müssen:

1. Achtung, Wärme, Rücksichtnahme
2. Echtheit, Selbstkongruenz
3. Einfühlendes Verstehen
4. Fördernde (nicht dirigierende) Tätigkeit.

Ruth Cohn (2001) hat die förderliche Beziehung als eine der wichtigsten Voraussetzungen gelingender Themenzentrierter Interaktion im Erwachsenenalter bezeichnet. Emotionen begleiten auch Lernprozesse in Gruppen. Hier gilt es nicht, diese zu unterdrücken, sondern sie zu antizipieren, gemeinsam zu reflektieren und sie als natürlichen Bestandteil des Gruppenprozesses beim Lernen zu begreifen.

5.2 Wie funktioniert selbstgesteuertes Lernen?

Im selbstgesteuerten Lernen wird der Anspruch an Entwicklung als Handeln im Kontext besonders deutlich. Der Blick auf die Selbststeuerung als Entwicklungsmotor hat in den letzten Jahren zunehmende Prominenz erfahren. Er ist jedoch keineswegs eine Erfindung der Gegenwart. Schon Wilhelm von Humboldt (1767–1835) war der Ansicht: „Der Schüler ist reif, wenn er soviel gelernt hat, dass er nun für sich selbst zu lernen imstande ist" (v. Humboldt, 1920, S. 268).

5.2.1 Bildungsprozesse als Selbststeuerung von Lernern

Im Bildungsbegriff wird der Gedanke der Selbststeuerung beim Lernen offenbar:

> „Bildung ist die Anregung aller Kräfte des Menschen, damit diese sich über die Aneignung der Welt entfalten und zu einer sich selbst bestimmenden Individualität und Persönlichkeit führen." (Wilhelm v. Humboldt, 1809, zit. nach Ellwein, 1985, S. 116)

Bildung wird somit verstanden als ein aktiver, komplexer und nie abgeschlossener Prozess, in dessen glücklichem Verlauf eine selbstständige und selbsttätige, problemlösungsfähige und lebenstüchtige Persönlichkeit entstehen kann. Lehren ist dann erfolgreich gewesen, wenn die Lernenden zu selbstgesteuertem Lernen in der Lage sind.

Individuelle Interessen 63

Der Alltag in Bildungseinrichtungen scheint die Anforderungen des Humboldtschen Bildungsideals bisher nur unzureichend abzubilden. Nach wie vor sind die wesentlichen Situationen, Inhalte und Schritte des Lernens durch die Lehrkräfte vorgegeben, Selbstbestimmung ist nur in ausgewählten Randgebieten (z. B. im projektorientierten Unterricht) erwünscht. Das Misstrauen gegenüber den Selbstlernkräften des Einzelnen ist jedoch nicht nur im Elementarbereich und in den Schulen groß: auch in der institutionellen Erwachsenenbildung dominiert die Steuerung durch Lehrkräfte und Dozenten, die Inhalte an die Lernenden transportieren. Damit stehen Ziele des Lehrens und ihre Umsetzung häufig in einem kaum auflösbaren Widerspruch: Durch Fremdsteuerung soll die Person zur Selbständigkeit angeregt werden.

Als selbstgesteuert werden Lernformen bezeichnet, bei denen der Handelnde die wesentlichen Entscheidungen, ob, was, wann, wie und woraufhin er lernt, gravierend und folgenreich beeinflussen kann (Knowles, 1980). Selbstgesteuerte Lernende werden aktiv, um eigene Lernbedürfnisse festzustellen, selbständig Lernziele aufzustellen, Ressourcen für das Lernen zu identifizieren, geeignete Lernstrategien auszuwählen und Lernergebnisse selbständig zu evaluieren. Bei selbstgesteuertem Lernen müssen Lernende eine Reihe von Strategien eigenständig verfolgen, die sonst von der Lehrkraft vorgegeben oder unterstützt werden; siehe hierzu Tabelle 9:

Tabelle 9   Aspekte des selbstgesteuerten Lernens

	Vom Lernenden gesteuerte Elemente
Wozu lerne ich?	**Ziele** (spezifisch vs. global, schwierig vs. einfach, positiv vs. negativ, prozess- vs. ergebnisorientiert)
Wie lerne ich?	Kognitive und motivationale **Strategien** (aufgaben-spezifisch, Selbstmotivierung, Selbstverstärkung…)
Wann lerne ich	**Zeitmanagement** (Stunden- Wochenplanung, Zeitaufwandsplanung, Prioritäten, Nein-Sagen…)
Wo und **mit wem** lerne ich?	**Ressourcenmanagement** (Arbeitsplatz, Stimuluskontrolle, Infoquellen, soziale Unterstützung…)
Was habe ich gelernt?	**Selbstbeobachtung** und -bewertung, Selbstbelohnung, Selbstreflexion

5.2.2 Einsatz und Messung von Lernstrategien beim selbstgesteuerten Lernen

Lernstrategien des selbstgesteuerten Lernens lassen sich messen, indem entweder Selbstberichte erhoben werden, oder es wird die Ausführung einer

Aufgabe (Performance) beobachtet und gemessen. Im Folgenden sind einige Beispielitems für Selbstberichte aufgeführt, die dem „Lernstrategien im Studium (LIST)"-Inventar (Wild & Schiefele, 1994) entnommen sind:

- Ich fertige Tabellen, Diagramme oder Schaubilder an, um den Stoff der Veranstaltung besser strukturiert vorliegen zu haben.
- Ich versuche, neue Beziehungen zu den Inhalten verwandter Fächer bzw. Lehrveranstaltungen herzustellen.
- Ich frage mich, ob der Text, den ich gerade durcharbeite, wirklich überzeugend ist.
- Ich präge mir den Lernstoff von Texten durch Wiederholen ein.

Die mit solchen Items erfassten Strategien des selbstgesteuerten Lernens lassen sich in Kognitive Strategien (Organisation von Studienmaterial, Zusammenhänge, Kritisches Prüfen, Wiederholen), Metakognitive Strategien (Planen, Überwachen, Regulieren) und Ressourcenbezogene Strategien (Interne Ressourcen Aufmerksamkeit, Anstrengung, Zeitmanagement sowie Externe Ressourcen, Lernumgebung, Studienkollegen, Literatur) unterteilen.

Die Messmethoden können auch kombiniert werden – so können z.B. Arbeitsproben (Performance) und Selbstberichte durch Lehrerurteile ergänzt werden. Keine dieser Methoden liefert jedoch eindeutige Rückschlüsse auf die Lernstrategien: Fragebogenergebnisse können unzuverlässig sein; und ein gutes Resultat kann auch ohne den Einsatz einer bestimmten Strategie erreicht werden. Schließlich stehen die Ergebnisse derartiger Untersuchungen in der Regel nur in geringem Zusammenhang z.B. mit Schulnoten. Zimmermann und Martinez-Pons (1986) konnten durch Interviews zum Selbstgesteuerten Lernen mit 40 sogenannten High-Achievern und 40 Low-Achievern (Schüler mit über- bzw. unterdurchschnittlicher Leistungsfähigkeit) aus 10. Klassen ihre Zuordnung zu diesen Gruppen anhand ihrer Aussagen zum selbstgesteuerten Lernen zu 93 % richtig vorhersagen. Die Korrelationen der Ausprägungen im selbstgesteuerten Lernen zu den Noten in Englisch und Mathematik betrugen jedoch nur $r=.56$ und $r=.55$.

5.2.3 Die Rolle der Lehrkraft im selbstgesteuerten Lernen

Für die Lehrkräfte stellen sich bei der Umsetzung des Selbstlernprozesses von Lernenden viele Fragen (vgl. Mienert & Vorholz, 2007):

- Was ist meine Aufgabe als Lehrkraft?

- Welche Rolle spiele ich in den Selbstbildungsprozessen?
- Ich soll Lernende begleiten und sie gleichzeitig auf das Leben vorbereiten – wie soll das gelingen?
- Darf ich den Lernenden überhaupt etwas „beibringen" wollen?
- Was mache ich mit Lernenden, die sich nicht von selbst bestimmte Fähigkeiten und Kompetenzen aneignen, die ich als Pädagoge als wichtig und richtig erachte?

Verschiedene Rollen der Lehrkräfte stehen hier im unmittelbaren Konflikt, und Beobachtungen aus der aktuellen pädagogischen Praxis deuten darauf hin, dass viele Lehrkräfte diesen Konflikt für sich bewältigen, indem sie die neuen Anforderungen nach dem Selbstbildungsgedanken inhaltlich wiedergeben, ohne dass sie den Bezug zum pädagogischen Alltag der eigenen Arbeit herstellen können, oder indem sie die Notwendigkeit eines Umdenkens an sich ablehnen. „Früher haben wir aus den Kindern auch vernünftige Menschen gemacht – warum sollte das jetzt auf einmal alles schlecht sein?" Die zum Teil unterschiedlichen Ausrichtungen der Bildungspläne und Curricula der Bundesländer im Hinblick auf das Ausmaß konstruktivistischer, ko-konstruktivistischer oder sogar traditionell behavioristischer Lernvorstellungen erschweren die Neu-Positionierung der Lehrkräfte in Deutschland zusätzlich.

Die größte neue Anforderung für Lehrkräfte besteht darin, von der traditionellen Rolle der Gestalter von Lernprozessen der Schüler Abschied zu nehmen und ihre Rolle als Lernbegleiter und Coach (im konstruktivistischen Lehrverständnis, siehe Kapitel 4.4) zu finden. Die Rolle der Wissensvermittler ist dabei keinesfalls ad-acta zu legen, sie wird auch weiterhin eine der zentralen Aufgaben pädagogischer Fachkräfte beschreiben. Darüber hinaus gilt es jedoch, situativ angemessen auch die Rollen zu wechseln und sie den aktuellen Bedürfnissen des Lernenden anzupassen. Solche weiteren Rollen sind u. a.:

- **die Rolle der Bindungs- und Vertrauensperson**: Sie gelingt durch echte individuelle Zuwendung der Lehrkraft, echtes Interesse an der Person des Schülers, das Sich-Selbst-Öffnen und als Mensch zu erkennen geben sowie die Erwartung wie auch die Erweisung von Respekt im Umgang.
- **die Rolle der Fachkraft für pädagogische Prozesse**: Diese Rolle bedeutet, über Entwicklung und Lernen Bescheid zu wissen und daraus abzuleiten, wie die tägliche Arbeit in den Bildungsinstitutionen pädagogisch gestaltet werden sollte, damit die bestmöglichen Lern- und Entwicklungskontexte für Lernende entstehen können.
- **die Rolle des Beobachters und Dokumentators**: Lernende genau zu beobachten und diese Beobachtungen genau zu dokumentieren, kann die

Gestaltung alltäglicher Lernsituationen enorm erleichtern. Lehrende werden die Lernenden ganz neu für sich entdecken, indem sie deren aktuelles Handeln im Kontext erkennen, verstehen und vorhersagen können.

Gudjons (2003) hat das heutige Lehrerbild in Schlagworten zusammengefasst. Demnach müssen Lehrkräfte heute anbieten statt vorschreiben, individuelle Lerngelegenheiten bereitstellen statt alles im frontalunterrichtlichen Gleichschritt selbst unisono zu leiten, Diagnose und Beratung verbinden, statt die Schüler mit ihren Schwächen allein zu lassen und sich auf Ermahnungen zu beschränken, individuelle und kooperative Lernprozesse begleiten, statt die Schüler libertinistisch ihrer Freiheit zu überlassen, Wahrnehmungen rückmelden, statt Tadel, Sanktionen, Strafen, vernichtender Kritik und besprechen und ermutigen, statt Lösungen vorzugeben und Vorschriften zu machen.

5.3 Zusammenfassung und weiterführende Literatur

Der Lernende im Zentrum – um dieses Motto verstehen zu können, haben wir uns in den letzten Abschnitten mit den individuellen Zielen von Lernenden beschäftigt. Dabei ist deutlich geworden, dass nicht alle Ziele gleichermaßen geeignet sind, den Lernerfolg zu befördern. „Be careful what you wish for", so haben Kasser und Ryan (2001) auch eine ihrer zentralen Arbeiten zum Einfluss intrinsischer und extrinsischer Ziele auf das Wohlbefinden überschrieben. Eine weitere Möglichkeit, Lernziele zu differenzieren, besteht in der Unterteilung nach Annäherungs- und Vermeidungszielen. Motive wie Interesse und Neugierde sind weitere Einflussfaktoren auf individuelle Lernfortschritte. Im selbstgesteuerten Lernen wird der Anspruch an Selbstbildung besonders deutlich. Die Möglichkeiten, die in ihm stecken, werden nur unter bestimmten Bedingungen wirksam, die es zwischen Lehrenden und Lernenden gemeinsam zu gestalten gilt. Der Erfolg ist auch mit der Person der Lehrkraft verknüpft, die – wenn sie ihre traditionelle Rolle in der Wissensvermittlung um andere Rollen erweitern kann – ihre Bedeutung für das Lernen Einzelner auch in Selbstbildungsprozessen behalten und sogar ausbauen kann. In den folgenden Kapiteln werden wir den Perspektivwechsel von den Zielen der Lernenden selbst auf die Ziele der Umwelt, der Gesellschaft, von Lehrkräften und von Eltern lenken. Wir werden die Lehrkraft aus verschiedenen theoretisch-paradigmatischen Schwerpunkten betrachten und den Kontext der externen Umwelt der Lernenden ökopsychologisch beschreiben.

Individuelle Interessen

📖 Literaturempfehlungen:

Wie die Motivation von Lernenden gesteigert werden kann, stellt Gerd Mietzel (2003, Kap. 6) dar.

Die Selbststeuerung von Lernen und alle ihre Anforderungen werden von Klaus Konrad und Silke Traub (2010) abgebildet.

Was für ein Lerntyp sind Sie selbst? Probieren Sie den Halb-Test unter: http://www.stangl-taller.at/ARBEITSBLAETTER/TEST/HALB/Test.shtml

6 Erziehungs- und Unterrichtsziele –
Die Lernumwelt und ihre Anforderungen

In unseren einführenden Betrachtungen haben wir bereits die Konzepte Pädagogik, Pädagogische Psychologie und Erziehung definiert und näher erläutert. In ihnen ist eine Gemeinsamkeit enthalten: alle beschäftigen sich mit Erwartungen und Sollvorstellungen von menschlicher Entwicklung und menschlichem Lernen. Woher kommen diese Sollvorstellungen? Wie werden sie formuliert und klassifiziert? Was rechtfertigt Erziehungsziele? Und welchen Spielraum hat die erzieherische Einflussnahme auf die menschliche Entwicklung tatsächlich? Mit diesen und weiteren Fragen werden wir uns in diesem Kapitel auseinandersetzen.

6.1 Gesellschaftliche Erziehungsziele unter der Lupe

Grundlage für unsere Betrachtungen ist die Definition von Erziehung, wie wir sie bereits auf Seite 13 dargelegt haben. Diese Definition ist alters- und gruppenunabhängig. Der angestrebte Einfluss soll dauerhaft sein, und er ist an Normen orientiert – an Lernzielen oder Prüfungsergebnissen, an Alters- oder Entwicklungsnormen. Erziehung und Lehren ist bezogen auf den Effekt, ist intentional – zielgerichtet, und ist nicht wertneutral. Erziehungs- und Lehrziele sind sozial, kulturell und politisch beeinflusst und verändern sich im Laufe der Zeit. Erziehung und Unterricht erfolgen eingebunden in ein gesellschaftliches Gefüge – sie zielen auf nachhaltige Veränderung (wenngleich sie die gewünschten Ziele nicht notwendigerweise auch immer erreichen). Neben der Einwirkung durch Erziehung gibt es eine ganze Reihe anderer, unabhängiger Einflüsse, die ebenfalls Veränderungen bewirken. Diese können Unterrichtsziele unterstützen oder ihnen auch entgegenstehen. Und die Kombination von Faktoren wird nie für zwei Lernende genau die gleiche sein. Selbst zwischen den Institutionen, die als „Gesellschaft/Umwelt" Anforderungen an die Lernenden herantragen, herrscht selten Verständigung oder gar Einigkeit über ihre

Erziehungsziele, ein Umstand, der z.B. in der Zusammenarbeit von Elternhaus und Schule als Erziehungspartner häufig beklagt wird. Die Herausforderung für Lehrkräfte kann nicht lauten, alle Erziehungsinstitutionen auf ein gemeinsames Vorgehen einzuschwören. „Alle ziehen an einem Strang", dieses Ziel ist nicht nur unrealistisch, sondern sogar kontraproduktiv, weil es die Lernenden dabei behindert, sich in wechselnden Kontexten mit wechselnden Anforderungen flexibel zu arrangieren. Die Herausforderung besteht vielmehr darin, Unterschiedlichkeiten zu antizipieren und Lehrstrategien darauf abzustellen.

Die Pädagogische Psychologie kann es nicht leisten, Erziehungs- und Unterrichtsziele zu formulieren. Diese Aufgabe fällt vielmehr der Pädagogik, dem gesellschaftlichen Diskurs und der Verständigung über Anforderungen an gewünschtes Wissen, Fähigkeiten und Kompetenzen von Lernenden anheim. Aufgabe der Pädagogischen Psychologie ist es, gemäß ihrem Selbstverständnis die psychologische Seite von Erziehungszielen in den Blick zu nehmen, unterstützende und behindernde Faktoren bei ihrer Realisierung zu erforschen und auf das Individuum im Kontext der gruppenorientierten Pädagogik aufmerksam zu machen – und schließlich zu hinterfragen, ob Erziehungsziele der Psychologie des Menschen angemessen sind.

6.2 Lernen als gesamtgesellschaftliche Aufgabe

Das Bundesjugendkuratorium hat im Februar 2005 eine Stellungnahme veröffentlicht, die zum Ziel hat, ein umfassendes Bildungsverständnis zu entwickeln und Bildung und Ausbildung als gesamtgesellschaftliche Aufgabe zu begreifen. Bildung findet nicht nur in der Schule statt – Bildung und Lernen beginnen schon viel früher, in der Familie und im Kindergarten. Und das soziale Umfeld wirkt auf das schulische Lernen ein und beeinflusst den Lernerfolg und die Möglichkeiten zu weiterführender Bildung und Ausbildung. „Ca. 14 Prozent der Jugendlichen bleiben bereits jetzt langfristig ohne berufliche Ausbildung. (...) Von jungen Menschen mit Migrationshintergrund bleiben fast 40 Prozent ohne Berufsausbildung" (Bundesjugendkuratorium, 2005, S. 7). Bildung und Lernen sind ein öffentliches Anliegen – im Sinne der Schaffung einer zukunftsfähigen nächsten Generation. Dazu genügt es nicht, Schulen bereitzustellen – zumal Lernen in zunehmendem Maße lebenslang stattfinden muss. Es gilt vielmehr, die individuellen und gesellschaftlichen Voraussetzungen zu schaffen, um Lernen attraktiv und erfolgreich zu machen. In Abbildung 4 wird der Versuch unternommen, das komplexe Gefüge, in dem Lernen stattfindet, graphisch darzustellen:

Erziehungs- und Unterrichtsziele 71

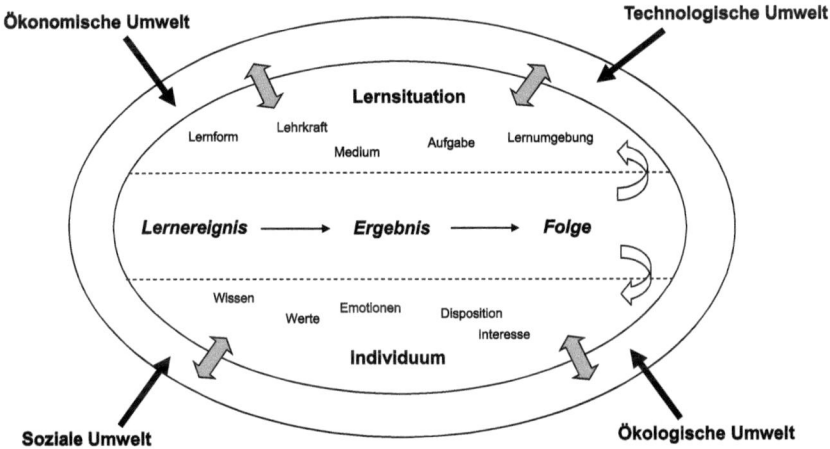

Abbildung 4   Individuelles Lernen im gesamtgesellschaftlichen Kontext

Lehrkräfte stehen nicht nur vor der Aufgabe, auf unterschiedliche Individuen einzugehen und ihr Lehrverhalten darauf abzustimmen. Ein – sich ständig veränderndes – ökonomisches, ökologisches, soziales und technologisches Umfeld beeinflusst Lehrkräfte und Schüler, das Ergebnis der Interaktionen zwischen ihnen sowie das Ergebnis eines Lernereignisses. Lernerfolg oder Misserfolg wirken sich wiederum auf die zukünftigen Interaktionen der Beteiligten aus. Vor diesem Hintergrund wird unmittelbar ersichtlich, dass die Lernumwelt weit über den Klassenraum hinausgeht. Für einen bestmöglichen Lernerfolg ist ein gesellschaftliches Umfeld erforderlich, welches auf das (lebenslange) Lernen vorbereitet und das Lernen unterstützt. Dabei darf eine Lehrkraft jedoch nicht ihre Erziehungsziele im Unterricht aus den Augen verlieren.

6.3   Erziehungsziele – der Blick auf ihre Planung und Umsetzung

„Subjektive Erziehungsziele sind Vorstellungen über Dispositionen, die von Erziehern als wertvoll beurteilt und mittels bestimmter Handlungen beim Edukanten verwirklicht werden sollen." (Hofer, 1986, S. 30)

Erziehungsziele können dabei auf verschiedenen Ebenen und Abstraktionsgraden beschrieben werden, und sie entstehen in einem Prozess, der verschiedenen Anforderungen genügen muss. Vor jedem Lehrprozess sollte die Überlegung stehen, wie die Dispositionen aussehen, die beim Edukanten verwirklicht werden sollen. Gesellschaftliche Werte, die Meisterung fachlicher Inhalte und Vorgaben sowie die Bedürfnisse und Interessen der Lernenden selbst bilden Quellen von Erziehungszielen, die dann nach Erziehungsphilosophie, subjektiver Instruktionstheorie und den Vorkenntnissen der Lernenden gewichtet und zu Unterrichtszielen formuliert werden. Besonders fatal können an dieser Stelle Erziehungsideologien wirken, die die Pädagogik grundsätzlich infrage stellen oder sie für politisch-ideologische Ziele instrumentalisieren.

Neben den starken ideologischen Einflüssen wirken erziehungsphilosophische Einflüsse (z. B. Reformpädagogik) weniger stark, färben Erziehungsziele aber dennoch. Instruktionstheorien stecken den Rahmen der Vorstellungen davon ab, wie bestimmte Erziehungsziele bei den Edukanten überhaupt verwirklicht werden können. Sie orientieren sich an den Lernparadigmen, die wir bereits in Kapitel 4.3 dargestellt haben. Diese werden auf die Lernenden, ihre Ausgangsbedingungen wie Alter und Gruppe sowie die Vorkenntnisse abgestimmt. Aus diesen vereinten Überlegungen werden die Erziehungsziele konkretisiert und in Unterrichtsziele überführt, die dann in Curricula (Lehrplänen) dargelegt werden.

All diese Rahmenbedingungen beeinflussen, welche konkreten Erziehungsziele für den Unterricht formuliert und verfolgt werden. Die aktuellen gesellschaftlichen (politischen) Tendenzen, die von den Lehrern als Unterrichtsziele berücksichtigt werden sollen (Kraler, 2005), sind:

- **auf der Mikroebene:**
  - von Faktenorientierung hin zu Handlungs- und Kompetenzorientierung
  - von fremdgesteuertem Lernen hin zu *selbstgesteuertem Lernen*
  - Förderung von *Teamorientierung* (Lehren im Team, Lernen im Team)
- **auf der Makroebene:**
  - *Internationalität* (Rankings und Abkommen)
  - Lebenslanges Lernen

Deutlich wird: Lehren kann nur erfolgreich sein, wenn die Bedürfnisse der Lernenden bereits in der Unterrichtsplanung berücksichtigt werden. Erziehungs- und Unterrichtsziele erfüllen dabei wichtige Funktionen für die Unterrichtsgestaltung. Sie ermöglichen die Ausrichtung des Unterrichtsgeschehens an gesellschaftlichen Erwartungen wie auch an den Erwartungen der Lernenden, erleichtern die Spezifikation der Lehrmethoden und machen eine Messung von Lernerfolg durch den Ist-Soll-Vergleich überhaupt erst möglich.

6.3.1 Die Unterrichtsziele in der Schule

Die Gestaltung von Lehrplänen liegt in der Hoheit der Bundesländer. Alle Bundesländer haben sich für ihre Schulsysteme Rahmenpläne gegeben, die die Anforderungen an Lehren und Lernen in Schul- und Klassenstufen festlegen. Häufig bestehen diese Rahmenpläne aus zwei unterschiedlich ausgerichteten Klassen von Zielen, die hier – in Anlehnung an die Bremer Rahmenpläne – als „Pläne für Fächer und Lernbereiche" sowie „Pädagogische Leitideen" bezeichnet werden sollen, siehe dazu Tabelle 10.

Tabelle 10   Lehrpläne und Pädagogische Leitideen

Pläne für Fächer und Lernbereiche	Pädagogische Leitideen
• Unterrichtsinhalte und konkrete Unterrichtsziele im Fach • Leistungsstandards – Kenntnisse, die erworben werden müssen • Grundlagen der Unterrichtsgestaltung • Vorgaben für Leistungsermittlung, Leistungsbewertung und Dokumentation • Richtungen der pädagogischen Weiterentwicklung	• allgemeine Bildungs- und Erziehungsideale • Grundlage: Erfahrungspotenzial der Schüler • Zielsetzungen der grundlegenden Bildung • didaktische Grundsätze der Unterrichtsgestaltung

Diese Unterteilung erinnert an die bereits verdeutlichten Zielquellen „Meisterung des Fachs" in den konkreten Fächerlehrplänen und „Gesellschaftliche Werte" sowie „Erziehungsphilosophie" und „Gesellschaftliche Werte" in den Pädagogischen Leitideen. Zum Teil werden in der öffentlichen Debatte beide Anliegen auch mit den verallgemeinernden Begriffen „Bildungsauftrag" und „Erziehungsauftrag" bezeichnet, wobei häufig unter dem Bildungsauftrag eine fachliche Ausbildung verstanden wird, während der Erziehungsauftrag eher an der sozialen und persönlichen Entwicklung der Schüler ausgerichtet ist (und mitunter auch allein dem Elternhaus zugeschrieben wird).

Die Unterrichtsziele in den Plänen für Fächer und Lernbereiche sind so stark konkretisiert, dass klar erkennbar ist, ob am Ende der für sie vorgesehenen Schulstufe diese Ziele tatsächlich auch erreicht sind. Grob lassen sie sich – wie in Tabelle 11 dargestellt – in kognitive, affektive und psychomotorische Handlungsziele unterteilen:

Tabelle 11 Die Systematisierung von Lernzielen

Kognitive Lernziele	Affektive Lernziele	Psychomotorische Lernziele
Wissen Verständnis Anwendung Analyse Synthese Beurteilung	Aufnehmen Reagieren Werten Wertordnung Bestimmtwerden durch eigene Werte	Imitation Manipulation Präzision Handlungsgliederung Naturalisierung

Die getrennte Analyse der Realisierung dieser Ziele ist wichtig. Sie ermöglicht es, Lernen nicht nur zur Kopf-, sondern auch zur Herzens- und Körpersache werden zu lassen. Dabei ist zu beachten, dass es zwar Fächerspezifik gibt (z. B. den Umfang kognitiver Lernziele im Mathematikunterricht und den Umfang psychomotorischer Lernziele im Sport), häufig allerdings in Prüfungen auf Wissens- und Verständnisfragen – und somit auf kognitiven Lernfortschritt – Wert gelegt wird. Dies zeigt sich analog leider auch in der pädagogisch-psychologischen Unterrichtsforschung, die – aufgrund der leichten Operationalisierbarkeit – ebenfalls überwiegend kognitiven Lernzuwachs erfasst (siehe auch PISA, Abschnitt 2.3.2).

Während sich zur Beschreibung fächerspezifischer Unterrichtsziele die Einteilung in kognitive, affektive und psychomotorische Ziele seit langem bewährt hat, ist zur Beschreibung der pädagogischen Leitideen erst in den letzten Jahren das Konzept von Kompetenzbereichen herangezogen worden. So kann als Leitidee für die Persönlichkeitsentwicklung von Grundschulkindern die Handlungskompetenz im Zentrum stehen, die eigenständige Anteile hat, sich aber auch mit personaler-intrapersoneller Kompetenz, sozialer interpersonell-kommunikativer Kompetenz, strategisch-kreativer Medienkompetenz und fachlich-inhaltlicher Sachkompetenz überschneiden kann. Formulierungen solcher fächerübergreifender Kompetenzen finden sich in Tabelle 12:

Tabelle 12 Pädagogische Leitideen in Kompetenzbegriffen

Sachkompetenz	Methodenkompetenz	Soziale Kompetenz	Personale Kompetenz
Erwerb von Kenntnissen, Fertigkeiten und Fähigkeiten durch Auseinandersetzung mit interessanten problemhaltigen Aufgaben	Zunehmend bewusster und zielgerichteter Einsatz unterschiedlicher Techniken und Verfahren bei der Aufgabenbearbeitung	Entwicklung einer Lern- und Lebensgemeinschaft zwischen Kindern mit heterogenen Lernvoraussetzungen	In Situationen der Wertschätzung entwickeltes Selbstvertrauen, Selbstwertgefühl, emotionale Unabhängigkeit und Zuversicht in die eigenen Fähigkeiten

In der Zukunft sind weitere Veränderung zu erwarten, z. B. durch internationale Abkommen wie sie für Hochschulen bereits existieren (Stichwort „Bologna-Reform"). Zunehmend wird dabei die Erstellung von Kompetenzrahmen empfohlen, um die zu erwerbenden fachlichen und überfachlichen Kompetenzen zu beschreiben. Solche Raster ermöglichen es Lehrenden und Lernenden, konkrete Ziele zu setzen und den individuellen Erreichungsgrad zu überprüfen.

Die beständige Weiterentwicklung im Bereich der Informationstechnologien hat einen erneuten Wandel eingeleitet – diese in den Unterricht einzubauen, erfordert von den Lehrkräften neue Kenntnisse und Fertigkeiten. Nicht selten wird es dabei vorkommen, dass die Lernenden bereits über mehr Erfahrung verfügen als die Lehrenden. Lehrende selbst werden damit zum Vorbild für die Lernenden, da sie durch die Notwendigkeit zu kontinuierlicher Fort- und Weiterbildung „Lebenslanges Lernen" vorleben.

6.3.2 Die Begründung von Erziehungszielen

Während die Begründung spezifischer Unterrichtsziele in den Fächern anhand der Meisterung der Kulturtechniken, geteilten Vorstellungen von Allgemeinwissen und inhaltlich-fachlicher Überlegungen leichter fällt, sind übergeordnete Erziehungsziele in den pädagogischen Leitzielen schwerer zu begründen. Ihnen liegt eine Vorstellung vom Wohl des Menschen zugrunde, die es zu hinterfragen gilt, weil sonst die Gefahr besteht, dass unter dem übergeordneten „Wohl des Menschen" auch konkrete Erziehungs- und Unterrichtsziele subsumiert werden könnten, die sich gegen die Interessen des Einzelnen und der Gemeinschaft richten. Besonders brisant erscheint dies, da insbesondere frühkindliche Bildung und der Schulunterricht nicht freiwillig vom Individuum gewählt werden und somit gegen das Individuum Ziele verwirklicht werden könnten, denen sich der Einzelne nicht (wie in der Erwachsenenbildung) entziehen kann – und Kinder auch leichter zu beeinflussen sind als Erwachsene. Klafki (1970) hat Kriterien dafür formuliert, wie Erziehungsziele begründet werden sollen. Seine Aufstellung richtet sich an Erziehungszielen für Kinder und Jugendliche aus. Es ist im Einzelfall zu überprüfen, ob sie analog auch so für das Lernen im Erwachsenenalter übertragen werden könnten:

- Soziale Beeinflussung hat dem *Wohl* junger Menschen zu dienen
- historische und aktuelle gesellschaftliche Bedingungen definieren, was dem „Wohl" entspricht

- pädagogisches Handeln soll dem gegenwärtigen Entwicklungsstand und zukünftigen Lebensaufgaben Lernender angepasst sein
- Erziehung soll zu Selbständigkeit und Selbstverantwortung anregen und sich damit mit der Zeit selbst überflüssig machen
- Erziehung wird nur dann wirksam, wenn der Edukant sich auch erziehen lassen will
- ein pädagogisches Verhältnis ist immer auch Wechselwirkung und ändert auch den Erziehenden selbst.

Klafki hat den Gedanken einer handlungsorientierten Entwicklungspsychologie für den pädagogischen Kontext somit bereits 1970 beschrieben, indem er darauf verweist, dass Erziehung gegen den Willen des Lernenden weder zulässig noch möglich ist. Das Wohl des Lernenden steht im Zentrum, das Lehren ist auf seine Bedürfnisse auszurichten und soll ihn für seine Lebensbewältigung stärken. Lehrkräfte sind jedoch zunächst an die jeweiligen Bildungsrahmenpläne gebunden – Pläne für die Fächer und Lernbereiche – und die vorherrschenden pädagogischen Leitideen. Pädagogischer Einflussnahme sind weiterhin Grenzen gesetzt, wenn sich die Lernenden dem Lernen widersetzen (z.B. den Schulbesuch selbst oder zumindest die Mitarbeit verweigern). Teile der Gesellschaft können dem jeweils vorherrschenden Konzept von Lernen kritisch gegenüber stehen, was die Arbeit der Lehrkräfte erschwert und dem Lernerfolg entgegenstehen kann. Nicht zuletzt werden Lehrende auch ihre eigenen Erziehungsziele verfolgen.

Wiederholt wurde als zentrales Kriterium das „Wohl des Menschen" genannt – ein Begriff, der so schillernd ist, dass er dringend der Klärung bedarf. Während in der Bildungsdebatte viel vom „Wohl des Kindes" die Rede ist, fehlen doch bisher klare Definitionen dafür, was dies eigentlich sein soll. Sponsel (2003) hat den Begriff definiert, allerdings nicht im pädagogischen, sondern im juristischen Sinne, um für Sorgerechtsstreits eine Operationalisierung des Kindeswohls zur Verfügung zu haben:

> „Kindeswohl ist in dem Maß gegeben, in dem das Kind einen Lebensraum zur Verfügung gestellt bekommt, in dem es die körperlichen, gefühlsmäßigen, geistigen, personalen, sozialen, praktischen und sonstigen Eigenschaften, Fähigkeiten und Beziehungen entwickeln kann, die es zunehmend stärker befähigen, für das eigene Wohlergehen im Einklang mit den Rechtsnormen und der Realität sorgen zu können." (Sponsel, 2003)

Auch für die Begründung von Erziehungszielen ist diese Definition sehr gut geeignet, da sie die Eigenaktivität des Kindes betont und bestätigt, dass gute Erziehung die Kinder in die Selbständigkeit überführen muss und sich somit längerfristig selbst überflüssig machen soll. Auch deckt sich diese Definition mit der Idee von „Entwicklung als Handeln im Kontext", da sie betont, dass es um die Gestaltung eines Entwicklungskontextes geht, in dem Kinder sich selbst bestmöglich entwickeln können. Das Wohl des Kindes ist also keine Aktivität, die am Kind ausgeübt wird (wie im klassisch-mechanistischen pädagogischen Verständnis), sondern es besteht in der Umfeldgestaltung, damit individuelle Entwicklung vom Einzelnen ausgehend bestmöglich wird.

Ersetzt man in der Definition den Begriff „Kind" durch „Lernender", so lässt sie sich ebenso auf das Lernen im Erwachsenenalter anwenden. Auch hier ist das vordringliche Ziel, Kontextbedingungen zu schaffen, die es dem Einzelnen erleichtern, sich selbst zu entwickeln. Diese Idee entspricht auch den Leitgedanken des Lebenslangen Lernens der Bund-Länder-Kommission (BLK), wie sie in Abschnitt 8.1 beschrieben sind.

Von den Erziehungszielen bis zur Erziehungswirklichkeit ist es jedoch oft ein weiter Weg. Fast scheint es, als ob die Diskussion um Erziehungs- und Unterrichtsziele und ihre Rechtfertigung eine akademische sei, denn im Unterricht selbst findet sie – wenn überhaupt – nur implizit und auf einer stark abstrahierten Ebene statt.

Was kennzeichnet „gute" Erziehungs- und Unterrichtsziele? In Ergänzung zu den oben genannten Kriterien von Klafki (1970), soll die Formulierung von Erziehungs- oder Unterrichtszielen die nachstehenden Aspekte umfassen (nach Mager, 1977):

- **Verhaltensbezogene Definition**: Welches Verhalten soll konkret gezeigt werden?
- **Angabe der Rahmenbedingungen** für angestrebte Lernleistung: Unter welchen Bedingungen bzw. mit welchen Hilfsmitteln soll das Verhalten gezeigt werden?
- **Angabe eines akzeptablen Leistungsniveaus**: Wie lautet das Kriterium, das den Lernerfolg spezifiziert?

Einige Beispiele für operationalisierte Lernziele aus den niedersächsischen Curricula sind nachstehend aufgeführt (www.schule.niedersachsen.de):

- *Mathematik, Grundschule, Ende 4. Schuljahrgang: Schüler kann ohne weitere Hilfsmittel die Größenangabe 3 l 500 ml in verschiedenen Schreibweisen 3500 ml = 3,5(00) l = 3 ½ l notieren.*

- *Sport, Sekundarstufe I, Ende 6. Schuljahrgang: Schüler kann 20 Minuten ohne Pause schwimmen.*
- *Latein, Gymnasium, Ende 8. Schuljahrgang: Schüler erkennt Wörter trotz Lautveränderung wieder und ordnet sie Wortfamilien zu (z. B. afficere: ad+facere).*

Für die Operationalisierung von Erziehungs- und Unterrichtszielen empfehlen sich Verhaltens-Inhalts-Matrizen, in denen die zu vermittelnden Inhalte zu den von den Lernenden erwarteten Verhaltensweisen in Beziehung gesetzt werden. Diese können weiter nach den Situationen differenziert werden, in denen die bestimmten Verhaltensweisen gezeigt werden sollen.

Der hohe Differenzierungsgrad in den Erziehungszielen in Verhaltens-Inhalts-Matrizen ist nicht ohne Kritik, insbesondere aus der Schulpraxis, geblieben. „Zu starr", „zu ergebnisorientiert", „zu wenig individuell" und „unrealistisch" – so wurden die Operationalisierungen mitunter beschrieben, und mechanistischen, behavioristischen Lernvorstellungen zugeordnet. Dem ist zu entgegnen, dass auch das konstruktivistische Lernen nicht zielfrei erfolgt, wenngleich es hier weniger um ergebnis- als vielmehr um prozessorientierte Ziele geht. Mechanistisch werden die operationalisierten Lehrziele erst dann, wenn sie ohne die Mitwirkung der Schüler entwickelt und undirektional auf sie angewendet werden. Begeben sich Lehrkräfte jedoch gemeinsam mit den Lernenden in den Zielbestimmungsprozess, so können die Matrizen für die Lernplanung beider Seiten eine wertvolle Ausgangsbasis darstellen. Das Ziel ist definiert, der Lernweg hin zum Ziel ist nun gemeinsam zu finden.

6.3.3 Die Erziehungsziele von Eltern

Die Erziehungsziele von Eltern haben sich im Laufe der Zeit stark gewandelt: Während früher Disziplin und Gehorsam im Vordergrund standen, sollen Kinder heute zu selbstbewussten Menschen heranwachsen. In Tabelle 13 sind die Ergebnisse von drei Befragungen aus unterschiedlichen Jahrzehnten wiedergegeben. Wenngleich die Art der Befragung und die Zahl der Befragten sich stark unterschieden, ergeben sich doch deutliche Hinweise auf unterschiedliche Präferenzen in den Erziehungszielen:

Tabelle 13   Erziehungsziele von Eltern im zeitlichen Wandel

Kemmler und Heckhausen (1959)	Pätzold (1986)	Generationenbarometer 2009 (Hollstein, 2009)
In dieser Rangfolge: 1. Gehorsam 2. Ehrlichkeit 3. Gute Schularbeiten 4. Ordnung 5. Hilfsbereitschaft 6. Reinlichkeit 7. Verträglichkeit 8. Gute Manieren ... 21. Selbständigkeit	1. Glücklich sein 2. Ehrlich sein 3. Selbständig sein 4. Selbstbewusst sein 5. Zufrieden sein 6. Zuverlässig sein 7. Aufgeschlossen sein 8. Kritisch sein	In dieser Rangfolge genanntes wichtigstes Erziehungsziel: 1. Selbstbewusstsein 2. Fähigkeiten entfalten können 3. Sich durchsetzen können ... Pünktlichkeit Sparsamkeit Fleiß

Während Werte wie Selbstbewusstsein und Selbstverwirklichung wichtig geblieben sind, seit sie als Erziehungsziele aufgetaucht sind, findet sich auch eine Wiederbelebung alter Werte wie Pünktlichkeit und Fleiß. Jedoch werden die in Befragungen genannten Ziele nicht notwendigerweise von allen Eltern geteilt – sozio-ökonomischer Status oder kultureller Hintergrund beeinflussen die bevorzugten Erziehungsziele (Leyendecker & Driessen, undatiert).

Häufig findet sich als elterliches Erziehungsziel der Wunsch, dass die Kinder das erreichen sollen, was die Eltern nicht erreichen konnten (Leyendecker & Driessen, undatiert). Und hinter den genannten Erziehungszielen findet sich ein großes Maß an Unsicherheit – die genannten Ziele werden nicht notwendigerweise von einem elterlichen Erziehungsverhalten begleitet sein, dass der Erreichung dieser Ziele förderlich ist. Hoff und Grüneisen (1978) konnten darüber hinaus zeigen, dass sich die allgemein bevorzugten Erziehungsziele wie „kritisch sein", „glücklich sein" und „selbständig sein" sehr schnell in „still sein", „beherrscht sein" und „gehorsam sein" ändern können, wenn konkrete Konfliktsituationen benannt werden. Die Korrelation zwischen allgemeinen Erziehungswerten und den Erziehungszielen in konkreten Konfliktsituationen war statistisch nicht bedeutsam.

6.4 Die Psychologie der Lehrkraft

6.4.1 Auf der Suche nach der guten Lehrkraft – die Paradigmen der Lehrerforschung

Der Lehrkraft kommt in unserem Schema von Entwicklung als Handeln im Kontext eine besondere Bedeutung zu. Sie ist es, die in ihrer Person die gesellschaftlichen Erwartungen an Lernende transportieren soll. Ihre Aufgabe ist es, die individuellen Lernprozesse des Einzelnen zu unterstützen, das Lernen in Gruppen anzuleiten, den Unterricht anhand konkreter Lernziele wie auch individueller Leistungsvoraussetzungen zu gestalten und dabei in ihrer Rolle als Bindungs- und Vertrauensperson die Sicherheit zu vermitteln, die Lernende in der Exploration neuer Inhalte benötigen. Dass diese Anforderungen von einigen besser, von anderen weniger gut erfüllt werden, ist eine Alltagserfahrung, die alle Lernenden bestätigen können. Was aber macht sie aus, die gute Lehrkraft? Und kann man Lehren lernen? In diesem Kapitel werden wir uns auf die Suche nach der guten Lehrkraft begeben.

Die pädagogisch-psychologische Forschung hat die Suche nach der guten Lehrkraft als eines ihrer wichtigsten Forschungsgebiete erkannt. Paradigmatisch lassen sich alle Arbeiten grob drei Gruppen zuordnen, die sich jedoch nicht gegenseitig ausschließen. Vielmehr verdeutlichen sie unterschiedliche Herangehensweisen bei der Beschreibung eines Phänomens – den differenziellen Unterschieden im Erfolg der Arbeit von Lehrkräften. Dabei genügt es nicht, den Erfolg nur am Lernfortschritt von Schülern zu messen. Auch psychische Gesundheit von Lehrkräften und ihre Arbeitsfähigkeit im schwierigen Aufgabengebiet Unterricht gehören zu den Indikatoren erfolgreicher Arbeit.

Die Paradigmen lassen sich dabei wie folgt systematisieren (Rheinberg, Bromme, Minsel, Winteler & Weidenmann, 2001):

- **Das Persönlichkeits-Paradigma**: Ihm werden Forschungen zugerechnet, die den Zusammenhang von Persönlichkeitseigenschaften und dem Erfolg als Lehrkraft untersuchen. Die wichtigste Frage lautet: Welche Persönlichkeitseigenschaften bringen gute Lehrkräfte mit?
- **Das Prozess-Produkt-Paradigma**: In ihm werden die unterschiedlichen Forschungsarbeiten zusammengefasst, die sich mit der Wirkung spezifischer Unterrichtstechniken und Lehrerverhaltensweisen auf den Lernfortschritt der Schüler beschäftigen. Seine wichtigste Frage lautet: Welche Unterrichtsverhaltensweisen erweisen sich als effektiv?
- **Das Expertenparadigma**: Seine Herangehensweise nutzt die Vorstellungen von Fachexpertise, um erfolgreiche Lehrkräfte zu beschreiben. Identifizierte Lehrexperten werden genauer betrachtet, um von ihnen Erkenntnisse über effektive Unterrichtstechniken zu gewinnen. Hier lautet die wichtigste Frage: Wie werden Lehrer zu Experten?

6.4.2 Die Lehrerpersönlichkeit im Persönlichkeitsparadigma

Erinnern Sie sich noch an Ihre Lieblingslehrer? Und was kennzeichnet aktuell Ihre Lieblingsdozenten, Lieblingsprofessoren oder Lieblingslehrkräfte? Wie würden Sie sich Lehrkräfte wünschen? Die ersten Gedanken, die Ihnen kommen werden, werden wahrscheinlich Persönlichkeitseigenschaften sein, die Ihnen an bestimmten Lehrkräften besonders aufgefallen sind. Solche lern- und beziehungsförderlichen Persönlichkeitseigenschaften werden im Persönlichkeitsparadigma der Lehrerforschung untersucht. Methodisch werden häufig Fragebögen zu stabilen personalen Merkmalen verwendet, deren Ergebnisse zu differenziellen Merkmalen der Unterrichtsqualität in Beziehung gesetzt werden. Johannes Mayr (1994) hat als Herausgeber viele unterschiedliche Beiträge gesammelt, die sich u.a. mit dem Zusammenhang zwischen Persönlichkeitseigenschaften und Lehrerfolg beschäftigen. Nach diesen Befunden sind es insbesondere Eigenschaften wie hohe emotionale Stabilität (Belastbarkeit, geringer negativer Affekt), Extraversion (Kontaktfreudigkeit, Verträglichkeit und Tatkraft) sowie hohe Selbstkontrolle (Geduld, Ausdauer und Über-Ich-Stärke), die eine höhere Qualität des Unterrichtsverhaltens vorhersagen. Die Varianzaufklärung in den differenziellen Unterschieden im Unterrichtsverhalten durch die Persönlichkeitseigenschaften erweist sich jedoch insgesamt als nicht besonders groß und überschreitet kaum 10 %. 90 % müssen durch andere Variablen erklärt werden.

Die Gründe dafür, warum die Zusammenhänge zwischen Lehrerpersönlichkeit insgesamt eher gering sind, sind vielfältig. Zum einen ist da das Problem der Bezugsgruppe zu nennen: Wer ist der Beurteiler, der die Festlegung trifft, ob ein Lehrer gut ist oder nicht? Fragt man die Schulaufsicht dazu, den Direktor der Schule, die Kollegen, den Lehrer selbst oder seine Schüler, werden die Antworten dazu ganz unterschiedlich ausfallen. Anderson (1954) zeigte, dass die Korrelation in diesen Einschätzungen selbst zwischen Direktor und Schulaufsicht nur r=.57 entspricht, was einer gemeinsame Varianz von knapp 33 % entspricht. Zum anderen wird durch die Aufzählung von Persönlichkeitseigenschaften der Lehrkräfte vernachlässigt, dass die Wirkung dieser auf unterschiedliche Schüler nicht gleich ist: dieselbe Eigenschaft einer Lehrkraft kann bei zwei Schülern verschiedene Wirkungen haben. Auch Alter, Schulform, Unterrichtsfächer bieten Spezifika, die durch Listen von „förderlichen" Persönlichkeitseigenschaften kaum abgebildet werden können. Solche und ähnliche Befunde haben dazu geführt, dass in der letzten Zeit die Suche nach den spezifischen Persönlichkeitseigenschaften in den Hintergrund getreten ist.

Zeitgemäßer erscheint die Beschreibung spezifischer Kompetenzen, die Lehrkräfte für eine erfolgreiche Lehrtätigkeit und Alltagsbewältigung mitbringen müssen. Weinert, Schrader und Helmke (1990) beschreiben in ihrem Kompetenzmodell vier Grundkompetenzen:

- **Diagnostische Kompetenz**: Wissen um den Lernstand und die Lernvoraussetzungen der Schüler
- **Didaktische Kompetenz**: hohe Effektivität in der Nutzung der Unterrichtszeit
- **Soziale Kompetenz**: effektives Classroom-Management
- **Fachliche Kompetenz**: Sachwissen

Neben den benannten Kompetenzen werden weiterhin auch personale Kompetenzen (die dicht an den beschriebenen Persönlichkeitseigenschaften sind) und interkulturelle Kompetenzen beschrieben, die – als Teil der sozialen Kompetenzen – den Umgang mit Vielfalt im Klassenzimmer unterstützen können. Für all diese Kompetenzen ist ihr Zusammenhang zur jeweiligen Zielgruppe und Zielgröße aufzuzeigen.

Angesichts zunehmender Anforderungen und Belastungen im Schulalltag ist der Stichpunkt Lehrergesundheit in den letzten Jahren verstärkt untersucht worden. Im Zentrum stehen dabei die psychischen Belastungen, die sich in psychischen und psychosomatischen Erkrankungen, insbesondere dem Burn-Out-Syndrom äußern können. Schaarschmidt und Fischer (2000) haben Typen von Lehrkräften beschrieben, die aufgrund von Persönlichkeitsmustern die Anforderungen des Schulalltags unterschiedlich gut bewältigen. In ihrer Befragung von 2.500 Lehrkräften wurden schwieriges Schülerverhalten, Klassenstärken und Stundenzahl als wichtigste Belastungsfaktoren im Alltag benannt. Die vier Persönlichkeitsmuster wurden clusteranalytisch durch die Ausprägungen in Persönlichkeitsdimensionen ermittelt. Die Beschreibung und die (je nach Bundesland unterschiedlichen) Anteile von Lehrkräften in den einzelnen Typen ist Tabelle 14 zu entnehmen.

Auffällig ist der prozentual hohe Anteil der Lehrkräfte, die als von Burn-Out-betroffen gelten. Burn-Out ist ein Zustand ausgesprochener emotionaler Erschöpfung mit reduzierter Leistungsfähigkeit, der als Endzustand einer Entwicklungslinie bezeichnet werden kann, die mit idealistischer Begeisterung beginnt und über frustrierende Erlebnisse zu Desillusionierung und Apathie, psychosomatischen Erkrankungen und Depression oder Aggressivität und einer erhöhten Suchtgefährdung führt. In den Lehrerbelastungsstudien zeigte sich Burn-Out häufiger in Haupt- und Gesamtschulen und erwies sich als unabhängig vom Alter der Lehrkräfte. Sogar bei Lehramtsstudierenden konnten bereits die typischen Persönlichkeitsmuster identifiziert werden, die mit Burn-Out verknüpft sind.

Tabelle 14 Gesundheits- und Risikotypen in der Lehrerbelastung (Schaarschmidt & Fischer, 2000)

Persönlichkeitseigenschaft Typ	Berufliches Erfolgserleben	Beruflicher Ehrgeiz	Einschätzung der Bedeutsamkeit der eigenen Arbeit	Innere Ruhe	Ausgeglichenheit	Zufriedenheit
„Gesundheit" (11–17 %)	hoch	hoch	hoch	hoch	hoch	hoch
„Schonung" (13–27 %)	niedrig	niedrig	niedrig	hoch	hoch	hoch
„Risiko A" (26–41 %)		hoch		niedrig	niedrig	mäßig
„Burn-Out" (28–36 %)	niedrig		niedrig		niedrig	niedrig

6.4.3 Das Lehrerverhalten im Prozess-Produkt-Paradigma

Während im Persönlichkeitsparadigma nach den Eigenschaften von Lehrkräften gesucht wird, die einen erfolgreichen Unterricht und längerfristige psychische Gesundheit wahrscheinlicher machen, orientiert sich die Forschung im Prozess-Produkt-Paradigma dichter am Geschehen in der Unterrichtssituation selbst. Unabhängig von der Persönlichkeit der Lehrkraft wird nach den Unterrichtstechniken gesucht, die sich im Hinblick auf den Unterrichtserfolg als erfolgversprechend erweisen. Inzwischen existieren in den Lehrbüchern der Pädagogischen Psychologie und in den Didaktikhandbüchern für Lehramtsstudierende zahlreiche Aufzählungen von empfohlenen Unterrichtsverhaltensweisen (vgl. Rheinberg, Bromme, Minsel, Winteler & Weidenmann, 2001, S. 299–300). Eines ist all diesen Vorschlägen gemeinsam: auch hier wird die besondere Rolle der Lehrkraft für den Unterrichtserfolg betont und damit die Last und Verantwortung für das Gelingen von Lehren und Lernen allein auf ihre Schultern geladen. Vernachlässigt werden dabei die zahlreichen Wechselwirkungen und Interaktionen zwischen den Lernenden und zwischen Lerner und Lehrkraft, die bestimmte Unterrichtsverhaltensweisen nahelegen oder auch unmöglich machen können.

Hinzu kommen als methodische Einschränkungen für die Aussagekraft von Untersuchungen des Prozess-Produkt-Paradigmas ihre häufig fächerunspezifische Ausrichtung sowie die Vernachlässigung des Umstands, dass dasselbe Unterrichtsverhalten einer Lehrkraft für verschiedene Schüler verschiedene Folgen haben kann. In der modernen ATI-Forschung („aptitude-treatment-interaction") werden die Wechselwirkung von individuellen Lernvoraussetzungen und eingesetzten Lehrmethoden demgegenüber genauer untersucht (Snow, 1989).

6.4.4 Der Blick auf Lehrexperten – Das Expertenparadigma

„Von den Besten lernen", unter diese Überschrift lassen sich die Untersuchungen stellen, die sich der Suche nach der guten Lehrkraft aus Sicht des Expertenparadigmas nähern. Anstatt einzelne erfolgreiche Persönlichkeitseigenschaften oder Unterrichtsverhaltensweisen losgelöst von anderen zu betrachten, wird in diesem Paradigma nach den Lehrkräften gesucht, die eine besondere Kombination dieser Merkmale in sich vereinen. In Abschnitt 7.3.1 beschreiben wir das Phänomen Expertise noch genauer.

In der Anwendung dieser Konzeption von Expertise auf den Schulunterricht (Bromme, 1992) zeigt sich, dass Lehrexperten eine große Zahl von unterschiedlichen, bildhaften Unterrichtsszenarien abgespeichert haben, für die sie eine große Zahl an Handlungsroutinen zur Verfügung haben, die sie flexibel verwenden können. Sollte die aktuelle Lehrer-Schüler-Interaktion gemäß der zunächst gewählten Handlungsroutine nicht zum Lernerfolg führen, so können Experten schnell auf weitere Handlungsalternativen zurückgreifen. Für diese Handlungsroutinen stehen ihnen Wenn-Dann-Verknüpfungen zur Verfügung, die ihnen Voraussagen über deren Angemessenheit und Erfolg ermöglichen. Komplexe Unterrichtssituationen werden von ihnen in Form von Unterrichtsszenarien erfasst, die von ihnen rasch in ein Klassifikationssystem eingeordnet werden können. Besser als Novizen gelingt es ihnen, aus aktuellen Unterrichtssituationen Schülerverhalten zu erklären und vorherzusagen.

Der Erwerb von Expertise ist ein längerfristiger Prozess, der Zeit zum Kennenlernen von unterschiedlichsten Problemkonstellationen und Zeit zum Aufbau von Handlungsroutinen benötigt. Die Experten können immer dann ihre Stärke ausspielen, wenn es sich bei der Problemstellung um eine bekannte handelt, für die bereits Lösungsroutinen geübt werden konnten. Experten verlieren ihren Vorsprung im Vergleich zu Novizen in neuartigen Situationen, für die Intelligenz und Kreativität aktiviert werden müssen. Der große Vorteil von Experten – ihre Handlungsroutinen – können zum Nachteil werden, wenn sie starr und dogmatisch sind, obwohl sich die Situation selbst inzwischen geändert hat.

6.4.5 Die Wirkung impliziter Persönlichkeitstheorien von Lehrkräften auf die Leistungen von Schülern

Subjektive Theorien darüber, wie Menschen lernen und was „gute" von „schlechten" Lernern unterscheidet, begleiten auch den Lehrer im Schulunterricht. Durch die (verbale und non-verbale) Kommunikation seiner Vorstellungen werden seine Auffassungen zu einem Teil des Entwicklungs- und Lernkontextes, mit dem sich das Individuum auseinandersetzen muss. Dabei liegt nahe, dass sich eine optimistische Auffassung einer Lehrkraft von der Entwicklungsfähigkeit eines Schülers positiv für diesen auswirkt, während kommunizierter Pessimismus den Lernfortschritt des Einzelnen nachhaltig behindern kann.

Für die Beschreibung dieses Phänomens lässt sich Ovid (2010, Zeile 234) heranziehen, der Pygmalion – einen etwas wunderlichen und recht frauenfeindlichen Bildhauer – beschreibt, der eine Elfenbeinstatue schöpft, die so anmutig seinen Vorstellungen entspricht, dass er in tiefe Liebe zu ihr verfällt. Seine heißblütigen Gebete zur Venus werden erhört, und seine Statue erwacht zum Leben. In Anlehnung an dieses Geschehen werden Effekte selbsterfüllender Prophezeiungen von Lehrkräften auch als Pygmalion-Effekte bezeichnet.

Die prominenteste Untersuchung eines Pygmalion-Effekts geht auf Rosenthal und Jacobson (1968) zurück. Sie induzierten in einem Feldexperiment Lehrkräften von Schülern der 1. bis 6. Klasse den Glauben an einen von ihnen durchgeführten „neuartigen" Intelligenztest, mit dem nicht die aktuelle Leistung ermittelt, sondern künftige geistige Entwicklung vorhergesagt werden könnte. Pro Klasse wurden zufällig 20 % der Schüler ausgewählt, über die dann den Lehrkräften mitgeteilt wurde, dass bei ihnen mit einem außergewöhnlichen geistigen Wachstum zu rechnen sei. Die tatsächlichen IQ-Untersuchungen ein Jahr später zeigten, dass in der Tat signifikant höhere IQ-Zugewinne bei genau diesen Schülern zu beobachten waren. Der Unterschied zwischen dem IQ-Zuwachs in Kontroll- und Experimentalgruppe betrug in der ersten Klassenstufe 15.4 Punkte und in der zweiten Klassenstufe 9.5 Punkte. In den weiteren Klassenstufen war dieser Effekt nicht zu beobachten.

Was war passiert? Auch wenn die spezifischen Befunde von Rosenthal und Jacobson (1968) nur in etwa einem Drittel der Replikationsversuche erneut gefunden wurden, so weisen sie doch deutlich auf das Phänomen hin, dass Lehrkräfte Schülern gegenüber spezifische Erwartungen an deren Leistungsvermögen aufbauen und diese an die Schüler kommunizieren. Sind diese Erwartungen positiv, so unterstützen sie den Schüler offenbar tatsächlich. Brophy und God (1976) berichten zum Teil sehr subtile Verhaltensweisen, mit denen Lehrer ihr subjektives Bild vom Schüler an diesen kommunizieren: bei schwächeren Schülern wird weniger lange auf eine Antwort gewartet, Schwächere werden seltener gelobt, und Schwächere werden seltener beachtet und in das Unterrichtsgeschehen einbezogen.

Der nach Rosenthal benannte Rosenthaleffekt ist kein allgemeines Phänomen. Lehrer, die ihre Schüler über Jahre hinweg kennen, lassen sich kaum noch davon überzeugen, dass ein „neuartiger Intelligenztest" etwas anderes vorhersagt als sie in den letzten Jahren kontinuierlich vom Schüler erlebt haben. Deutlich zum Tragen kommt der Rosenthaleffekt jedoch in Situationen, in denen Lehrkräfte mit neuen Schülern konfrontiert sind, wenn Schüler zur Zeit tatsächlich weniger leisten, als sie können, wenn Lehrer die Schülerleistung bisher tatsächlich unterschätzt haben und dies auch zeigen, und wenn Schüler diese Einschätzung des Lehrers bereits internalisiert haben.

Lehrererwartungseffekte werden in der Pädagogischen Psychologie den Impliziten Persönlichkeitstheorien zugeordnet. Sie beschränken sich nicht auf Lehrkräfte, sondern gehören zur Alltagspsychologie, werden aber im pädagogischen Kontext besonders fatal wirksam.

> Implizite Persönlichkeitstheorien sind naives Wissen über die Persönlichkeitsstruktur eines Menschen, sein Wesen und das Zusammengehören und Nicht-Zusammengehören von Persönlichkeitsmerkmalen.

Implizite Persönlichkeitstheorien werden immer dann aktiviert, wenn Lehrkräfte mit neuen Schülern konfrontiert sind, über die sie kaum oder nur unzuverlässige Vorkenntnisse haben. Die Wahrnehmung dieser neuen Schüler ist dann von Prozessen der impliziten Personenwahrnehmung begleitet. In Tabelle 15 ist dieser Prozess prototypisch dargestellt.

Erziehungs- und Unterrichtsziele

Tabelle 15 Prozesse der impliziten Personenwahrnehmung

Die Situation	Die Schlussfolgerungen	Die „Fehlschlüsse"
• Wenig verlässliche Informationen über den Schüler verfügbar • Wenig Interaktion mit dem konkreten Schüler möglich • Keine enge Beziehung zwischen Lehrkraft und Schüler	Beurteilungen der Schüler erfolgen nach: • sozialen Rollen (Mädchen, Junge, Außenseiter, Klassenbester …) • Analogieschlüssen zwischen äußerer Erscheinung und Wesen (temperamentvolle Rothaarige, intelligente Brillenträger …) • das erhoffte „Körnchen Wahrheit", dass Gesichtsausdruck und Persönlichkeit miteinander in Beziehung stehen	• Parataxien (Schlüsse aufgrund Ähnlichkeit mit einer anderen, bekannten Person) – „so wie seine Schwester"… • Stereotypien (aus Einzelmerkmalen werden Gesamturteile abgeleitet) • Halo-Effekt (eine hervorstechende Eigenschaft des Schülers strahlt wie ein Sonnenhof auf andere Eigenschaften über)

Die Wirkung impliziter Persönlichkeitstheorien lässt sich nicht automatisch verhindern. Sie sind sogar häufig nützlich, da sie der Lehrkraft in neuen, unvertrauten Situationen erste Handlungssicherheit verschaffen können. Wichtig ist von daher nicht, sie zu unterdrücken, sondern sie so schnell wie möglich durch gesicherte Erkenntnisse von den Lernenden zu ersetzen. Dies bedingt einen intensiven Kontakt zwischen Lehrkraft und Schüler und die Bereitschaft zum gemeinsamen Beziehungsaufbau. Bleibt dies aus, kann die Wirkung impliziter Persönlichkeitstheorien lange anhalten und zur sich selbst erfüllenden Prophezeiung werden, da insbesondere wenig in ihrer Selbsteinschätzung gefestigte Lernende die Einschätzung ihres Leistungsvermögens aus den Rückmeldungen der Lehrkräfte ableiten. Braun (1976) hat dies in seiner Übersicht über die Determinanten von Lehrererwartungseffekten dargelegt (Abbildung 5).

Dass diese Effekte nicht zu unterschätzen sind, zeigen aktuelle Untersuchungen von Kaiser (2010), die nachweisen konnte, dass Lehrkräfte identische schriftliche Arbeiten von Schülern in Abhängigkeit vom Vornamen der Kinder unterschiedlich beurteilen. Kevin, Jaqueline und Chantal waren stereotypisierte Vornamen, die zu schlechteren Leistungseinschätzungen führten, während Namen wie Sophie, Simon und Maximilian mit besseren Noten korrelierten.

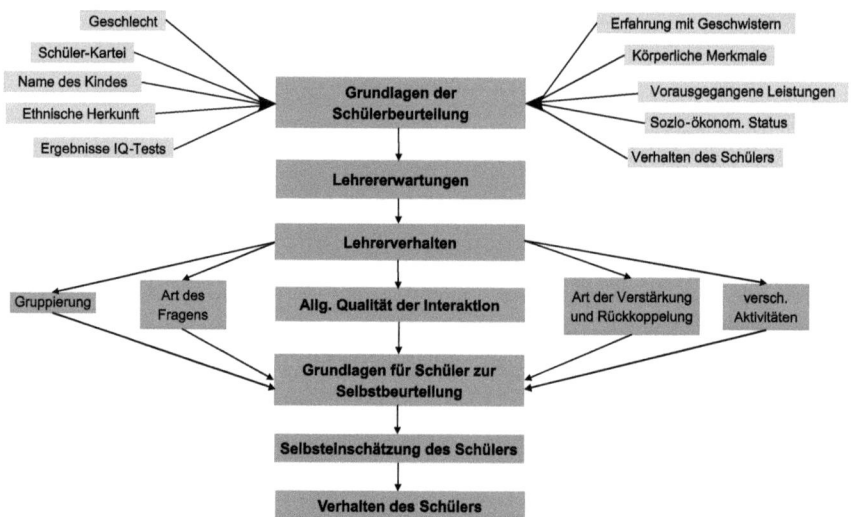

Abbildung 5   Determinanten von Lehrererwartungseffekten (nach Braun, 1976)

6.4.6 Die Attribution von Schülerleistungen

Wie werden Schülerleistungen erklärt? Wer ist dafür verantwortlich, dass ein Schüler eine Aufgabe lösen kann und ein anderer nicht? Nicht nur die Schüler attribuieren ihre Leistungen auf bestimmte Ursachen, auch Lehrer treffen entsprechende Einschätzungen über die Ursachen guter und schlechter Schülerleistungen. Weiner (1975) hat diese Ursachenzuschreibungen systematisiert (Tabelle 16).

Tabelle 16   Attribution von Leistungen (Weiner, 1975)

Veränderlichkeit der Ursache über die Zeit	Lokalisation der Ursache im Lerner (internal)	Lokalisation der Ursache in der Umwelt des Lerners (external)
zeitstabil	Fähigkeit	Aufgabenschwierigkeit
zeitvariabel	Anstrengung	Zufall

Worauf haben Sie selbst Ihre letzten Klausurnoten oder Prüfungsergebnisse geschoben? Und wie ging es Ihnen mit unterschiedlichen „Gründen", die Sie für ein positives oder negatives Abschneiden in den Test verantwortlich gemacht haben? Während der Faktor „Zeitstabil vs. Zeitvariabel" insbesondere auf die Erwartungsbildung vor dem Test einen Einfluss ausübt, wirkt sich die Attribution des Erfolgs auf internale oder externale Ursachen insbesondere auf die Selbst- bzw. Fremdbewertung der Person nach Erfolg oder Misserfolg aus. Für den Selbstwert des Lerners ist es günstig, wenn seine Leistung im Erfolgsfall auf Fähigkeit bzw. Anstrengung attribuiert werden kann und sein Misserfolg auf Aufgabenschwierigkeit oder Zufall. Eine Misserfolgsattribution auf eine zu geringe Fähigkeit legt Hilflosigkeit nahe, da diese internale, stabile Ursache auch zukünftigen Aufgabenlösungen entgegenstehen würde. Die Attribution eines Misserfolgs auf mangelnde Anstrengung eröffnet zumindest die Möglichkeit, in zukünftigen Versuchen durch vermehrte Anstrengung bessere Leistungen zu erreichen.

In einer Untersuchung baten Meyer und Butzkamm (1975) 10 Mathematiklehrer um die Einschätzung von Begabung und Anstrengung im Fach für jeden ihrer Schüler. Die Lehrkräfte benannten zuvorderst Fähigkeiten (50 %) als Grund für die unterschiedlichen Matheleistungen ihrer Schüler, zu 30 % wurde Anstrengung genannt, zu 6 % sonstige Persönlichkeitsfaktoren, zu 9 % das individuelle Ausmaß an Nachhilfestunden und zu 5 % Ursachen, die ungünstigen häuslichen Verhältnissen zugeordnet werden können. Zweierlei wird in dieser Untersuchung deutlich: zum einen das hohe Ausmaß, in dem Lehrkräfte auf eine internale zeitstabile Ursache (Fähigkeit) attribuieren und damit Schülern bei Misserfolgen Hilflosigkeit nahelegen. Zum anderen wird deutlich, dass eine wichtige Ursache für Leistungsunterschiede in der Aufzählung fehlt: sich selbst haben die Lehrkräfte nicht genannt.

6.5 Mehr als nur die Lehrkraft: Wie können Lernumgebungen ökopsychologisch beschrieben werden?

Wir haben bereits mehrfach erwähnt, dass es bei der Thematisierung von Lernen nicht nur um die Lehrenden und Lernenden geht. Das Handeln des Lerners findet in der Auseinandersetzung mit Personen (Lehrkräften, Erziehern, Eltern, Gleichaltrigen...) genauso statt wie mit den organisationalen, gesellschaftlichen und physikalischen Bedingungen, denen er bei seiner Entwicklung ausgesetzt ist. Bei der Betrachtung der Lernumwelt werden drei Dimensionen unterschieden:

- **Physikalische und architektonische Dimensionen**
- **Dimensionen der Organisationsstruktur**: Größe der Institution, Personalbestand, Hierarchie, Normen – diese wirken nicht auf alle Lernenden gleichermaßen, sondern in Abhängigkeit vom handelnden Umgang mit ihnen
- **Dimensionen des psychosozialen Klimas**: subjektiv erlebte Umwelt (z. B. Klassenklima) in Auswirkung auf kognitive und affektive Lernergebnisse

Eine Systematisierung ökopsychologischer Ansätze in der Pädagogischen Psychologie wurde von Bronfenbrenner (1981) vorgelegt (Abbildung 6):

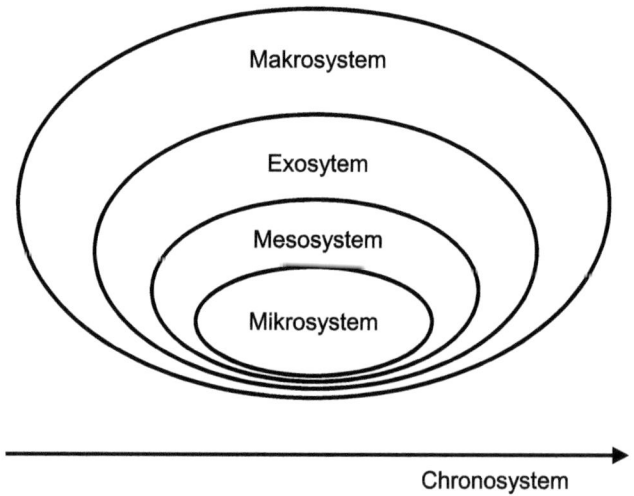

Abbildung 6   Die system-ökologischen Schalen nach Bronfenbrenner (1981)

Nachstehend findet sich eine Erläuterung der einzelnen Systeme:

- **Mikrosysteme:** einzelne Handlungspartner und die Beziehungen zwischen ihnen: Familie, Schule, Arbeitsplatz, Verein
- **Mesosysteme:** Gesamtheit der Beziehungen (Summe der Mikrosysteme) – Familie, Nachbarschaft, Freundeskreis etc.
- **Exosysteme:** Systeme und Beziehungsgeflechte, denen nicht man selbst sondern die *Bezugspersonen* angehören (z.B. Arbeitsstelle des Lebensgefährten oder eines Elternteile)

- **Makrosysteme:** Gesamtheit aller Systeme und Beziehungen (Schule, Bildungswesen, Kirche, Traditionen, Konventionen, Vorschriften, Ideologien, Gesetze etc.)
- **Chronosysteme:** Markante Zeitpunkte in der individuellen oder geschichtlichen Entwicklung.

Die unterschiedlichen Systeme stehen in Wechselwirkung zueinander: Veränderungen beim Lernenden selbst, zum Beispiel durch selbstgesetzte neue Ziele und Wünsche, nehmen Einfluss auf sein unmittelbares Umfeld (seine Mikrosysteme). Diese Veränderungen in den Mikrosystemen wirken in die angelagerten Mesosysteme hinein und können bis hin zur gesellschaftlichen Makroebene Impulse hervorrufen. Der Einzelne kann (prinzipiell) durch sein Handeln die ihn umgebenden Systeme so in Bewegung bringen, dass die gesamte Gesellschaft zu Veränderungen gezwungen wird. Andersherum sind es aber auch gesamtgesellschaftliche Veränderungen, die über die Meso- und Mikrosysteme Einfluss auf das Erleben und Verhalten des Einzelnen nehmen und seinen Handlungskontext erweitern oder auch einschränken können.

Aus der Analyse der ökopsychologischen Umgebung – vor allem der Makrostrukturen – leitet sich die Forderung nach „Chancengleichheit" ab. Aktuelle Ergebnisse der IGLU-Studien („Internationale Grundschul-Lese-Untersuchungen") bestätigen eher Chancenungleichheit für die Heranwachsenden von heute: Grundschulkinder aus einer gehobenen sozialen Schicht (EPG I) haben eine 4.09-fach (Hessen) bis 6.36-fach (Baden-Württemberg) erhöhte Chance auf eine Gymnasialempfehlung ihrer Lehrer als Kinder aus einer niedrigeren sozialen Schicht (EPG II) (Mittel in Deutschland 4.18, odds-ratios). Diese Chancenungleichheit verschwindet auch nicht, wenn kognitive Grundfähigkeiten und die Lesekompetenz der Kinder statistisch kontrolliert werden: Selbst bei gleichen kognitiven und Leseausgangsvoraussetzungen ist die Wahrscheinlichkeit für die Gymnasialempfehlung bei Kindern unterer sozialer Schichten immer noch im Deutschlandmittel 2.63-fach geringer (Bos et al., 2007). Dies bestätigen auch die deutschen Befunde in den PISA-Studien, die den starken Zusammenhang zwischen Bildungschancen und sozialer Herkunft in Deutschland betonen (Prenzel et al., 2008).

Im Zug der ökopsychologischen Betrachtungen ist seit den 70er Jahren die sogenannte „Schulklimaforschung" entstanden – sie untersucht die wechselseitige Beeinflussung zwischen Schülern und Lernumgebung. Die Forschung in diesem Bereich hat unter anderem zu folgenden – teilweise unerwarteten – Ergebnissen geführt:

- Es gibt kaum eindeutige Effekte von strukturellen Schulmerkmalen auf Leistungsentwicklung.
- Es zeigen sich stärkere Effekte der ästhetischen Gestaltung der Schulen.
- Das Schulklima wird in Gesamtschulen besser eingeschätzt als in traditionellen Schulen.

Die Frage nach dem besseren Schulsystem – das dreigliedrige Schulsystem bzw. das Gesamtschulsystem – lässt sich aus den bisherigen empirischen Befunden kaum abschließend beantworten. Der Zusammenhang zwischen Bildungsabschluss der Schüler und sozialer Herkunft der Eltern fällt in beiden Systemen ähnlich aus. Im Mittel rangieren die Leistungen von Gesamtschülern zwischen denen von Haupt- und Realschülern, aber ihr sozio-ökonomischer Hintergrund ist vergleichbar mit dem von Realschülern (Baumert, Köller & Schnabel, 2000).

Die Möglichkeiten der Steuerung im Bildungswesen auf gesellschaftlich-politischer Ebene sind vielfältig und beziehen sich auf den Input in die Schulen (z. B. Ausstattung und Standards), die Prozesse des Lehrens (z. B. Unterrichts- und Personalentwicklung) sowie auf die Outputs von Schulen (z. B. Lernstandsmessungen und Schulinspektionen. Europäische Nachbarländer (z. B. England, Finnland, Frankreich, Niederlande und Schweden) können als erfolgreiche Beispiele dafür dienen, wie durch effiziente staatliche Steuerungsprozesse die schulischen Bildungsprozesse optimiert werden können. Typisch für diese Länder ist:

- Für die Vergleichsmessungen für Schulqualität werden professionelle Agenturen beschäftigt.
- Es bestehen langjährige Erfahrungen mit Systemmonitoring und Schulleistungsmessungen.
- Es werden regelmäßige nationale Evaluationen durchgeführt.
- Lehrer nutzen die Ergebnisse von nationalen Evaluationen als Hilfe für die eigene professionelle Weiterbildung.
- Die einbezogenen Institutionen und Personen nutzen die Forschung zur Qualitätsentwicklung.
- Die Evaluationen sind transparent.
- Die Ergebnisse der Evaluationen haben Auswirkungen auf die Ausstattungen der Schulen, Schulleitungen sowie die Nachfrage der Schulen durch die Eltern.

In der Frühpädagogik und in der Erwachsenenbildung sind systematische Leistungs- und Qualitätsvergleiche bisher noch eher rar. Die Umsetzung der in den neuen Bildungsplänen im Elementarbereich geforderten Qualitätsmerkmale wird in den nächsten Jahren jedoch verstärkt evaluiert werden. In der Erwachsenenbildung werden Standardisierungen und DIN-Zertifizierungen weiter an Einfluss gewinnen.

6.6 Kulturelle Aspekte von Lehren und Lernen

Noch vor einer Generation konnte weitestgehend angenommen werden, dass die Kinder einer Schulklasse einen gemeinsamen kulturellen Hintergrund teilen, z.B. hinsichtlich dessen, was gut und schlecht, angemessen und unangemessen ist. Der Anteil von Schülern mit Migrationshintergrund war gering, und in der Regel wurde die nächstgelegene Schule besucht, so dass die Schüler vielfach auch den gleichen sozio-ökonomischen Hintergrund hatten. In den letzten Jahren ist der Faktor Kultur in den Betrachtungen von Lernen und Lehren verstärkt in den Blick geraten. In der Fachöffentlichkeit wird genauso über Interkulturalität, „Multikulti" und Kulturunterschiede zwischen Lernenden diskutiert wie in der Gesellschaft.

Was ist unter „Kultur" zu verstehen?

> Kultur umfasst Elemente wie Wissen, Erfahrungen, Überzeugungen, Werte, Meinungen, Religion, Zeitverständnis und Rollenverständnis, die von einer Gruppe als maßgeblich für das eigene Leben entwickelt und akzeptiert werden. Kulturelle Standards (Erwartungen, Verhaltensweisen) werden schon in früher Kindheit erlernt; dieser Prozess setzt sich in der Schule in organisierter Form fort und wird als Sozialisation bezeichnet (u.a. Rogoff, 2003).

Kultur ist jedoch nicht statisch, sie verändert sich – nicht zuletzt dann, wenn verschiedene Kulturen miteinander in Berührung kommen (Rogoff, 2003). In den theoretischen und didaktischen Betrachtungen zum Umgang mit Interkulturalität dominiert die Beschreibung nationaler, eingeschränkt auch religiöser Unterschiede von Lernenden. Dies stellt jedoch eine Verkürzung der oben benannten Definition von Kultur dar, die auch auf Unterschiede innerhalb von Nationen und Religionen, zum Beispiel im Hinblick auf Geschlecht, sozioökonomischer Status, sexuelle Orientierung, Alter, Wohnort etc. angewendet werden kann. All dies sind Umstände, mit denen Lehrende und Trainer konfrontiert sind und die sie in die Gestaltung von Unterrichts- oder Trainingseinheiten integrieren müssen Die Forschung zur Diversität von Lernenden steckt noch in den Kinderschuhen, muss allerdings in den nächsten Jahren in der Pädagogischen Psychologie verstärkt werden, da sich hinter vielen vermeintlich "interkulturellen" Problemen in Schulen keine Probleme der nationalen Herkunft der Schüler, sondern ihrer Unterschiedlichkeit zur zumeist einheitlichen bildungsbürgerlich-mittelständischen Herkunft der Lehrkräfte manifestieren. Grundsätzlich muss betont werden, dass Lehren und Lernen in einem multikulturellen Schulkontext sehr bereichernd sein kann. In einer zunehmend globalisierten (Arbeits-) Welt kann diese Erfahrung weit über den Schulbesuch hinaus Vorteile mit sich bringen (Mehrsprachigkeit, kulturelle Flexibilität, Integrationsvermögen). Die Realität sieht jedoch häufig noch anders aus: In heutigen Gesellschaften, die zunehmend international und interkulturell zusammengesetzt sind, beginnt für manche Kinder die Einschulung mit einem Kulturschock (Ramsey, 1987). Wenn Verhaltensweisen, die z.B. in der Schule erwartet werden, von denen, die im Elternhaus gelernt wurden, abweichen, kann dies zu Verwirrung führen. Selbst das Verständnis von Schulbüchern ist erschwert, wenn deren Inhalte dem eigenen kulturellen Hintergrund widersprechen (Pritchard, 1990).

Ringeisen, Buchwald und Mienert (2008, S. 28f.) schildern die Probleme Jugendlicher aus der 2. und 3. Generation von Einwanderern in multikulturellen Lernumgebungen auch als eine Folge einer divergierenden Integrationspolitik innerhalb der einzelnen EU-Staaten. Die Realisierung der Vorstellung von interkulturellem Lernen als gesamtgesellschaftliche Aufgabe liegt noch in weiter Ferne. Im Folgenden sind die zentralen Probleme von Schülern mit Migrationshintergrund aufgeführt, die sich in beinahe allen europäischen Ländern in unterschiedlichem Ausmaß finden (vgl. Deutsches PISA-Konsortium, 2002):

- **Diskriminierung und mangelnde Integration bzw. mangelndes gegenseitiges Verständnis**: Oft sind die Eltern der Schüler selbst schlecht integriert, erleben Diskriminierung und versuchen durch z.T. restriktive Erziehungspraktiken, die Weitergabe ihres kulturellen Erbes an die Kinder zu sichern.
- **Sprach- und Wissensdefizite**: Durch Defizite in der Muttersprache weisen viele Schüler mit Migrationshintergrund auch unzureichende Fähigkeiten in der jeweiligen Sprache des Ziellandes auf (z.T. „Bilingualer Analphabetismus", vgl. Röhner, 2005).
- **Unzureichende Bildungsperspektiven**: In den unteren Schulformen ist der Anteil an Migrantenschülern wesentlich höher, einhergehend mit einer längeren Schulverweildauer, schlechteren Noten und einem hohen Anteil an Jugendlichen, die die Schule ohne Abschluss verlassen (in Deutschland bis zu 40 % der türkisch- und arabischstämmigen Schüler).
- **Deviantes oder provokatives Verhalten und interkulturelle Konflikte**: Insbesondere bei männlichen Schülern mit Migrationshintergrund kann

dies mit geringer Disziplin und Macho-Verhalten als Reaktion auf eine ungünstige Lebensperspektive einhergehen.

Die geschilderten Schwierigkeiten können sich insgesamt nachteilig auf das schulische Leistungsvermögen der betroffenen Kinder auswirken und sie daran hindern, ihr Potenzial zu verwirklichen. Dabei beschränken sich die geschilderten kulturellen (und damit kontextuellen) Anforderungen an Lernende nicht nur auf den Schulbereich: Ohne explizit so benannt worden zu sein, sind ähnliche Schwierigkeiten auch in der frühkindlichen Bildung und in der Erwachsenenbildung zu beobachten.

6.7 Zusammenfassung und weiterführende Literatur

Das Lernen des Individuums findet nicht im luftleeren Raum statt. Bildungs- und Lernprozesse sind auch gesellschaftlich reglementiert, die Umwelt formuliert ihre Erwartungen an die Entwicklung des Einzelnen, die durch Bildungspläne in Kindergärten, Curricula in Schulen und Ausbildung vermittelt werden. Je konkreter diese Vorgaben sind, je stärker sie auf die Ausgangsbedingungen des Lerners abgestimmt sind und je angemessener die Unterstützung durch die Umwelt ist, desto wahrscheinlicher wird es, dass die vorgegebenen Lernziele auch erreicht werden können. Da sie als verbindlich vorgegeben werden und in die Selbststeuerung des Individuums eingreifen, müssen sie gut begründet werden, wobei das allgemeine „Wohl des Edukanten" als übergeordnetes Erziehungsziel der Konkretisierung bedarf. Erziehungs- und Lernziele sind jedoch kein Garant für eine erfolgreiche Entwicklung – es bedarf ihrer individuellen Realisierung durch den einzelnen Lernenden. Erst durch sein Handeln in Auseinandersetzung mit den gesellschaftlichen Anforderungen wird Lernen möglich. Zunehmende kulturelle Vielfalt führt dabei zu zusätzlichen Herausforderungen.

Literaturempfehlungen:

Siegfried Preiser (2009) setzt sich in seinem Lehrbuch mit Erziehungsideologien ausführlicher auseinander.

Die Auseinandersetzung zwischen Elternhaus und Schule über die „richtige Erziehung" wird in den Büchern von Lotte Kühn (2005) und Lothar Grün (2007) amüsant auf die Spitze getrieben.

Urie Bronfenbrenners (1981) Beschreibung der Ökologie der menschlichen Entwicklung gehört noch heute zu den Klassikern, die jeder Studierende kennen sollte.

Könnten Sie selbst Lehrer werden? Hier können Sie Ihre Berufseignung online überprüfen: http://www.dbb.de/lehrerstudie/start_fit_einleitung.php

7 Individuelles Leistungsvermögen – Die Psychologie von Lernenden

In den vorangegangenen Kapiteln haben wir uns mit den individuellen Zielen von Lernenden genauso auseinandergesetzt wie mit den Ansprüchen und Erwartungen, die die Gesellschaft und die Umwelt an den Lernenden stellen. Individuelle Ziele können dabei im Einklang mit den gesellschaftlichen Erwartungen stehen, aber ihnen auch widersprechen. Handeln im Kontext bedeutet, die aktuellen Lernaufgaben zwischen den eigenen Erwartungen und denen der Umwelt abzustimmen. Zur vollständigen Kennzeichnung der kontextuellen Bedingungen lebenslangen Lernens fehlt nun noch eine weitere wichtige Größe: die individuellen Leistungsvoraussetzungen, die der einzelne Lerner in seinen Lern- und Entwicklungsprozess mit einbringt. Wie sieht sie aus, diese Ausstattung des Lerners mit kognitiven Grundvoraussetzungen? Auf welche (teilweise angeborenen, teilweise erworbenen) geistigen Leistungsvoraussetzungen kann er in seinem Erkenntnis- und Lernprozess zurückgreifen?

In den folgenden Abschnitten werden wir diese individuellen Leistungsvoraussetzungen Lernender genauer unter die Lupe nehmen. Stärker denn je werden wir dabei differenzielle Unterschiede von Lernenden betrachten. Diese zeigen sich insbesondere in den Variablen Intelligenz, Hochbegabung und Expertise. Zunächst geht es jedoch um die Leistungsvoraussetzungen, bei denen in der Beschreibung die Gemeinsamkeiten und Entwicklungsgesetzmäßigkeiten im Zentrum stehen: aus Denk- und Gedächtnisprozessen des Lerners werden neue Wissensstrukturen entwickelt.

7.1 Kognitive Leistungsvoraussetzungen des Lernens unter der Lupe

Denkprozesse, Gedächtnisprozesse und der Aufbau von Wissensstrukturen sind im menschlichen Erkenntnis- und Lernprozess kaum voneinander zu trennen. Die Trennung in diese drei Bereiche ist somit eine künstliche, die der übersichtlichen Beschreibung des Gegenstandsgebiets entnommen ist. In der Praxis sind bei der Auseinandersetzung des Lernenden mit einer aktuellen

Problemstellung die Aktivierung von gespeicherten Informationen und Vorkenntnissen (*Gedächtnis*), die Sortierung der bekannten und der neuen Informationen (*Denken*) sowie der Einbau neuer Informationen in die bestehenden Speicherstrukturen und semantischen (neuronalen) Netze (*Wissen*) parallel zu beobachten. Sie werden von weiteren kognitiven Prozessen der Wahrnehmung und Sprache begleitet, die als Teilgebiete der Allgemeinen Psychologie (z. B. Spada, 2005) hier in diesem Buch nur sehr begrenzt betrachtet werden können.

7.1.1 Die Entwicklung des Denkens

In der Pädagogischen Psychologie kommt der Theorie der Denkentwicklung von Jean Piaget (1970, 1978) eine herausragende Bedeutung bei. Als kognitive Lerntheorie haben wir die Piagetsche Theorie bereits in Kapitel 4.3.2 erläutert. In den nun folgenden Abschnitten widmen wir uns insbesondere seiner Stufenlehre, die er als den Aufbau geistiger Operationen schildert. Wie denken Kleinstkinder? Wie sieht das Denken im Vorschulalter aus? Welche Veränderungen erfährt das menschliche Denken im frühen Schulalter und später im Jugendalter? Piaget hat seine Theorie auf diese Lebensabschnitte beschränkt. Die Denkentwicklung im Erwachsenenalter werden wir am Ende der Betrachtungen zu seiner Theorie kurz ergänzen. Zunächst jedoch einige Anmerkungen zu Piagets Forschungsvorgehen:

So umfassend das Werk Piagets ist, so überraschend klein erscheint zunächst die empirische Datenbasis, auf der seine Betrachtungen beruhen. Jean Piaget hat für die Entwicklungs- und Pädagogische Psychologie die „Klinische Methode" begründet, die im Wesentlichen auf der Beobachtung und Befragung von Kindern in natürlichen Situationen beruht. So hat Piaget seine eigenen Kinder beim Spielen begleitet, sie auf Denkanforderungen in der natürlichen Umgebung aufmerksam gemacht und sie zu ihrem Erleben von Denkwidersprüchen befragt. Die Aufgaben, die er extra für die Kinder konstruiert hat, werden heute noch als Piaget-Aufgaben bezeichnet. Zu den bekanntesten gehören die „Wasserumfüllaufgabe", der „Drei-Berge-Versuch", der „Pendelversuch" und die „Balkenwaagenanordnung". Einen guten Überblick über die Forschung Piagets und seine typischen Aufgaben geben Tücke und Grude (2001). Die Piagetschen Beiträge zum Verständnis der Entwicklung von Moral und Regelverständnis von Kindern sind dort ebenfalls gut erläutert und können hier aus Platzgründen keine nähere Erläuterung finden.Bei seinen Befragungen von Kindern fielen Piaget insbesondere die typischen Denkfehler von Kindern auf, die das kindliche Denken vom „korrekten" Denken Erwachsener unterscheiden. Er bemerkte dabei, dass es insbesondere fehlende geistige Werkzeuge – Operationen – sind, die das Denken von Kindern als realitätsunangemessen erscheinen lassen. Insgesamt hat Piaget vier Grundformen des Denkens unterschieden, die stufenförmig in der Entwicklung des Kindes aufeinander folgen und aufbauen. Das Denken in jeder dieser Stufen unterscheidet sich qualitativ von der Vorgänger- und Nachfolgestufe – es geht folglich nicht um ein Mehr oder Weniger im Denken, sondern um ein „anderes" Denken in den unterschiedlichen Stufen. Die drei wichtigsten Entwicklungsziele des Denkens nach Piaget sind dabei Integration, Differenzierung und Dezentrierung. Die universalistischen Annahmen Piagets von der Einheitlichkeit menschlicher Denkentwicklung, die in seiner qualitativen Stufentheorie dargelegt ist, konnten nicht in allen empirischen Untersuchungen bestätigt werden (z. B. Schröder, 1989). Nicht alle Kinder aller Kulturen zeigt den gleichen progressiven Entwicklungsverlauf, nicht alle können alle erworbenen Operationen auf alle Inhaltsbereiche gleichzeitig anwenden, nicht alle Kinder erreichen im Jugendalter tatsächlich die höchste Stufe des Denkens. Insofern ist sein Stufenmodell eher theoretisch, denn empirisch zu verstehen: es gibt wichtige Hinweise auf typisches Denken in bestimmten Altersbereichen, die es zu kennen gilt, damit für die lernenden Kinder und Jugendlichen in den entsprechenden Altersbereichen dieser innere Entwicklungskontext – die jeweils entwickelte Denkstruktur – besser verstanden und unterstützt werden kann. Direkte Förderung der Entwicklung ist nicht möglich, der Denkfortschritt entsteht durch das Erkennen von Widersprüchlichkeit in der Welt, und wenn diese nicht widersprüchlich erscheint, so verharrt das Denken auf einem Niveau, das zur Erklärung der Welt aktuell ausreichend erscheint.

Die qualitativen Stufen der Denkentwicklung nach Jean Piaget lauten:

- Von Geburt bis zum 2. Lebensjahr: **Die Sensuomotorische Phase**
- Vom 2. Lebensjahr bis zur Einschulung: **Die Präoperationale Phase**
- Von der Einschulung bis zur Pubertät: **Die konkreten Operationen**
- Von Pubertät bis Erwachsenenalter: **Die formalen Operationen**

In der sensuomotorischen Phase des Kleinkinds findet das Denken in den Sinneswahrnehmungen und in den motorischen Handlungen statt. Die Interaktion mit einem Objekt führt zu dessen unmittelbarer „Erkenntnis". Erst spät können diese Erfahrungen tatsächlich auch abgespeichert werden. Die beginnende Objektpermanenz – das im Kopf repräsentierte Wissen, dass Objekte auch weiterhin existieren, wenn sie der unmittelbaren Wahrnehmung entzogen sind – stellt einen der wichtigsten Denkzugewinne in dieser Phase dar. Weitere wichtige Zugewinne des Kindes sind Konstanz (ein Objekt bleibt dasselbe, auch wenn sich sein Netzhautabbild ändert) und Identität (Personen wie Objekte werden wiedererkannt). Dabei wird das Kind von seinem Explorations- und Neugierdeverhalten angetrieben.

Der Übergang zum Denken im eigentlichen Sinne wird durch die zunehmende Verinnerlichung von Schemata vollzogen. Entwicklung als Handeln im Kontext – in keinem Altersabschnitt wird die unmittelbare Handlung des Lernenden so offensichtlich wie in den ersten beiden Lebensjahren. Lernunterstützung bei Kleinstkindern bedeutet, ihnen so viele sensorische und motorische Erfahrungen wie möglich anzubieten. Sich frei bewegen zu können (ohne Laufgitter), in den Alltag mit einbezogen zu sein, Dinge in Ruhe ausprobieren zu können, ohne unterbrochen zu werden, und mit alltagsnahen, interessanten Objekten hantieren zu können, sind für die Kinder elementare Grunderfahrungen.

Die präoperationale Phase des Denkens beim Klein- und Vorschulkind ist durch zwar recht komplizierte denkerische Kombinationen gekennzeichnet, die dahinter liegende Logik ist jedoch noch variabel und oft unangemessen. „Präoperational" bedeutet, dass es noch keine festen Operationen gibt, die Sicherheit, Ein- bzw. Ein-Eindeutigkeit oder Verbindlichkeit in die Denkprozesse bringen könnten. Das präoperationale Denken wird daher zumeist anhand seiner Defizite beschrieben („Was kann das Kind noch nicht?").

Ein Beispiel: in einer Untersuchung von de Vries (1969, zit. nach Siegler, 2001) konnten 3–6-jährige Kinder mit dem zutraulichen Kater Maynard spielen. Vor den Augen der Kinder wurde dann dem Kater eine Fellmaske angelegt, die ihn wie einen Hund aussehen ließ. Von nun an sahen die 3-Jährigen Maynard nicht mehr als Kater, sondern als Hund an und schrieben ihm alle Eigenschaften eines Hundes zu. Die 6-Jährigen hingegen wussten bereits, dass der Kater seine Identität durch die Maske nicht geändert hat.

Bei der Beschreibung von „Denkfehlern" darf allerdings nicht vergessen werden, dass diese adultomorph („erwachsenenzentriert") ist. Für die Kinder ist das präoperationale Denken hilfreich zur aktuellen Lebensbewältigung. Es eröffnet Raum für Phantasie und kreative Lösungen für altbekannte Problemstellungen. Lernunterstützung zu geben, bedeutet in diesem Alter von daher auch, unkonventionelle Möglichkeiten bei Problemlösungen zuzulassen, Ideen von Kindern gemeinsam mit ihnen zu diskutieren, und die individuellen Konstruktionen von Kindern nicht durch weiteres Wissen zu ersetzen, sondern an ihnen anzusetzen und sie durch weitere Erkenntnismöglichkeiten anzureichern.

Viele der Denkeinschränkungen von Kindern werden in der Phase der konkreten Operationen (die zumeist mit dem Schuleintritt zusammenfällt) überwunden: für Denken und Problemlösen stehen nun erstmalig kognitive Operationen zur Verfügung. Diese Operationen sind simultan und reversibel und verschaffen den Kindern mehr Sicherheit im Umgang mit unbekannten Phänomenen. Das Denken der Kinder bleibt jedoch an das aktuell wahrnehmbare Material gebunden. Erkenntnisse aus dem aktuellen Erleben können nicht auf hypothetische, gedachte neue Situationen übertragen werden. Lernunterstützung besteht in dieser Phase vorwiegend im Bereitstellen von aktuellen Problemsituationen, die helfen, die neu erworbenen Operationen anzuwenden und zu festigen. Diese sollten auch den Transfer auf neue Inhaltsbereiche und Situationsklassen ermöglichen, so dass die Operationen auf neue Inhalte angewendet werden können.

Erst im formalen Denken gelingt es den nun Jugendlichen, sich von den aktuellen Gegebenheiten zu lösen und in Möglichkeiten („Was wäre wenn ...") zu denken. Die systematische Informationssuche, die Bildung von Hypothesen, das Ableiten „vernünftiger" Folgen aus der Abschätzung der Wahrscheinlichkeit unterschiedlicher Hypothesen, das Denken in Möglichkeitsräumen, das Nachdenken über Zukünftiges, das Denken über Konventionen hinaus, die differenzierte Metakognition und die Konstruktion eigener, neuer Realitäten ermöglichen einen ungeheuren Zugewinn an Flexibilität und Kreativität beim Lernen. Dieses Infragestellen der manifesten Phänomene zeigt sich dabei nicht nur im Umgang mit der physikalischen Welt, sondern auch in Regelverständnis, sozialer Kognition und der Entwicklung der eigenen Identität. Lernunterstützung heißt hier, das hypothetische Denken zu befördern durch gemeinsames Philosophieren, durch das Anregen von systematischer Hypothesenbildung und der Möglichkeit zum systematischen Hypothesenprüfen.

Die Theorie von Piaget hat seit ihrer Veröffentlichung zwar einiges an Kritik, eher jedoch vieles an kritischer Würdigung erfahren. Noch heute ist sie die zentrale Ausgangsbasis, von der aus sich neue Theorien des Denkens dem Phänomengebiet nähern. Erweiterungen haben sich insbesondere mit dem Gedanken des Problemlösens bis in das Erwachsenenalter (Case, Mund & Holtz, 1999) sowie der Entwicklung von Fertigkeiten und Handlungen (Fischer, 1980) beschäftigt. Kritik an der Piagetschen Theorie wurde in erster Linie am Gedanken qualitativer Stufen und der Vernachlässigung individueller Unterschiede bei einem Phasenverständnis geübt. Insgesamt ist das Konzept Piagets schwer operationalisierbar („Piaget-Aufgaben"), die empirische Basis der Theorie ist recht dünn. Der präoperationale Egozentrismus von Kindern wird überschätzt, Kinder können häufig mehr Einfühlungsvermögen zeigen, als es ihnen von Piaget zugestanden wird. Das Stadium der formalen Operationen scheint kein universelles Phänomen zu sein – selbst im Erwachsenenalter ist systematisch formales Denken kaum zu beobachten.

Kritik gibt es auch an der klinischen Methode Piagets, der Rolle des Befragers und der Situationsgestaltung und Interpretation in der Untersuchungssituation.

Die strengen, interrogative Befragungen bei den gleichzeitigen Schwierigkeiten der Kinder, sprachliche Begründungen für ihr Denken zu geben, ließen die Kinder oft unwissend erscheinen. Sprachfreie Untersuchungsanordnungen und neue Methoden des „funktionalen Messens" haben gezeigt, dass das intuitive Denken der Kinder oft weiter ist, als die sprachlichen Begründungen der Kinder es auf den ersten Blick vermuten lassen. Programme zur Förderung des Denkens bei Kindern zeigen recht gute Ergebnisse, die an der Untrainierbarkeit der geistigen Entwicklung Zweifel aufkommen lassen müssen (u.a. Klauer, 1989).

Auf Piaget folgende Forschungen haben verstärkt auch die Entwicklung des Denkens im Erwachsenenalter in den Blick genommen. Arlin (1975) beschreibt eine „Problemfindungsstufe" nach den Piagetschen Problemlösungsstufen, die für die Kreativitätsforschung wichtige Impulse gegeben hat. Sogenannte Dialektische Stufen bzw. Schemata (Pascual-Leone, 1983; Basseches, 1984) verweisen auf die zunehmende Möglichkeit zur Anerkennung von Widersprüchen in den gebildeten Schemata, und Sinnott (1984) beschreibt mit Relativistischen Operationen die Möglichkeit Erwachsener zur Anerkennung der Grenzen unseres Wissenssystems.

7.1.2 Die Beschreibung des menschlichen Gedächtnisses

Die menschlichen Denkprozesse bestehen aus einem ständigen Vergleich zwischen der wahrgenommenen äußeren Welt und den inneren Schemata. Um diesen Abgleich leisten zu können, verfügt der Mensch über Informationsspeicher, in denen bereits existierende Schemata abgebildet sind, und über Arbeitsinstanzen, in denen neue und gespeicherte Informationen miteinander verglichen und sortiert werden können. Gedächtnisprozesse des Menschen sind also von Denkprozessen kaum zu trennen. Das Gedächtnis an sich ist keine klar abgrenzbare organische Einheit. Wir wissen, dass es im neuronalen System des Menschen angesiedelt ist. Alle weiteren Beschreibungen von Ort und Aufgaben sind funktional, sie beschreiben also keine Lokalität im Zentralnervensystem, sondern unterschiedliche Aufgaben, mit denen das Gedächtnis gefordert wird.

> „Als Gedächtnis wird der Informationsspeicher eines Organismus bezeichnet, aus dem er Nachrichten über vergangene Ereignisse abrufen kann."
> (Underwood, 1996, S. 671)

Um sich das Gedächtnis besser vorstellen zu können, werden seine Funktionen und seine erfassbaren Arbeitsweisen systematisiert. Unterschieden werden dabei unter anderem:

- zeitabhängige Prozesse
- inhaltsabhängige, materialspezifische Systeme und Prozesse
- zeitliche Abfolge ihrer Entwicklung im Lebensverlauf.

Beeinflusst wird das Gedächtnis dabei von Faktoren wie biologischer Reifung, sozialer Interaktion, der Bewusstwerdung von Gedächtnisprozessen (Meta-Gedächtnis), neuen Anforderungen (Lernen), Denkprozessen sowie der motivationalen Entwicklung. Gerade letztere stellt eine größere Hürde für das Gedächtnis älterer Menschen dar als die biologischen Prozesse: Ältere Lerner, die für sich verinnerlicht haben, dass das Gedächtnis „altersbedingt" schwächer wird, geben sich auch weniger Mühe beim Einprägen und verwenden eher Kompensationsstrategien wie sich Notizen machen oder andere beim Erinnern um Hilfe bitten. Hasselhorn (u.a. 1989) hat nachweisen können, dass entsprechende motivationale Anteile in Gedächtnistrainings für Ältere genauso wichtig waren wie das Training von Gedächtnisstrategien selbst.

In Abbildung 7 sind die zeitabhängigen Prozesse des Gedächtnisses in ihrer Verknüpfung dargestellt. Dieser Kreislauf aus Informationsverarbeitung, Gedächtnisprozessen, Vergleichen (Denkprozessen) und Handlungen (nach Wippich, 1984) betont die Bedeutung der Langzeitinhalte im semantischen Gedächtnis als Grundlage für weitere Verarbeitungsprozesse. Dies ist insofern bemerkenswert, als in vielen Gedächtnismodellen zunächst das Arbeits- oder Kurzzeitgedächtnis als Reaktion auf die Informationen im sensorischen Speicher aktiviert dargestellt wird. Wippichs Modell betont die Bedeutung des Langzeitgedächtnisses für die aktuelle Informationsverarbeitung. Für die Arbeit mit Lernenden wie für die Selbststeuerung gilt demnach: Zunächst ist das Vorwissen der Lernenden (Langzeitgedächtnis) zu aktivieren. Wenn dies gelingt, dann können neue sensorische Informationen in die bestehenden Inhalte eingearbeitet werden. Neue Informationen, die keine Assoziation zu bereits bestehenden Informationen im Langzeitgedächtnis haben, werden als nicht relevant empfunden und nicht weiter verarbeitet. Die Entscheidung, welche Bruchstücke der unglaublichen Informationsmenge des sensorischen Registers tatsächlich Weiterverarbeitung erfahren, wird also vom Langzeitgedächtnis angestoßen. Hier liegt eine Erklärung dafür, warum so viel theoretisch und hypothetisch eingeführtes Schulwissen unmittelbar nach seiner Darbietung verloren geht – es wird vom Individuum auf der Grundlage seiner Langzeitgedächtnisinhalte einfach nicht als relevant erachtet.

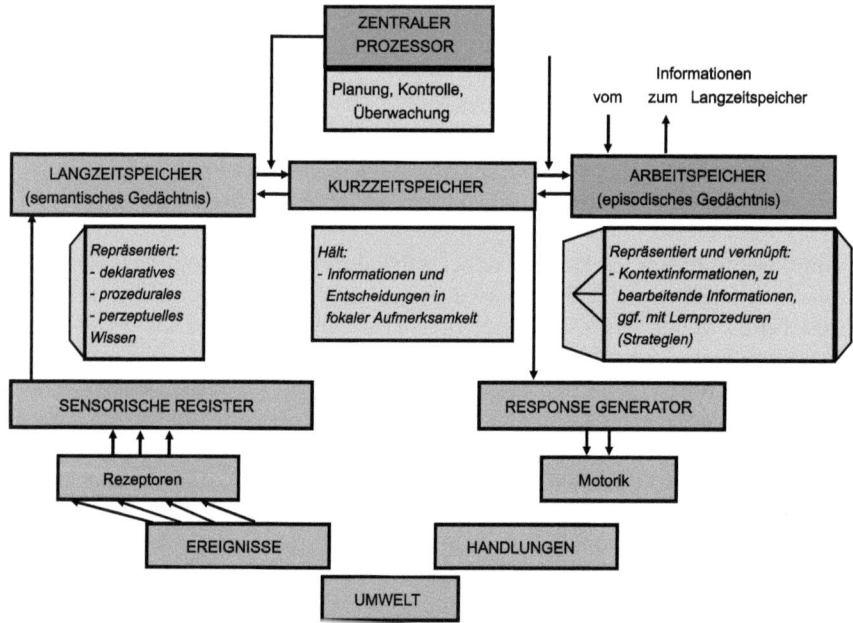

Abbildung 7   Modell der Gedächtnisprozesse und der Informationsverarbeitung (nach Wippich, 1984)

7.1.3 *Entwicklungsprozesse des menschlichen Gedächtnisses*

Veränderungen finden dabei im gesamten Lebenslauf insbesondere in den folgenden Bereichen statt:

- vom biologischen zum logischen Gedächtnis
- vom automatischen zum bewussten Gedächtnis
- vom reproduktiven zum rekonstruierenden Gedächtnis.

Die Gesamtkapazität des Gedächtnisses scheint über den Lebensverlauf relativ gleich zu bleiben. In der im Kurzzeitgedächtnis verfügbaren Informationsmenge – hier gilt die klassische Formel, dass gleichzeitig 7 +/− 2 Einheiten präsent gehalten werden können („Miller's Law", Miller, 1956) – finden sich kaum entwicklungsabhängige Veränderungen. Verschiebungen finden sich jedoch im relativen Anteil zweier Prozesse, die Informationsverarbeitungskapazität bedürfen: je schneller die Informationsverarbeitung selbst verlaufen kann (z.B. durch die Verfügbarkeit von Operationen und Gedächtnisstrategien), desto mehr Kapazität bleibt für das Speichern selbst verfügbar (Case, 1985). Somit kommt dem Erwerb von Gedächtnisstrategien eine besondere Bedeutung im lebenslangen Lernprozess zu. Zu den wichtigsten gehören:

- **Rehearsal**: das innere Wiederholen der Itemfolge (z.B. beim Vokabel- oder Gedichtlernen)
- **Gruppierung/Kategorisierung**: Systematisierung des zu lernenden Materials in einem Klassifizierungsmodell
- **Elaboration**: tiefere Verarbeitung des Materials z.B. durch Herstellung von Beziehungen
- **Inferenzen**: Ziehen von Schlussfolgerungen aus explizit dargebotenen Informationen, tiefere Bearbeitung von Texten.

Rehearsal ist ab dem 3. Lebensjahr zu beobachten. Ab dem 4. Lebensjahr sind schon einfache Gruppierungen möglich. Elaboration ermöglicht eine drei- bis fünffache Leistungsverbesserung im Alter von 10 bis 15 Jahren. Inferenzen sind schon bei 6-Jährigen beobachtbar, allerdings auch bei 8-Jährigen noch nicht voll ausgebildet. Selbst im Erwachsenenalter gibt es große interindividuelle Unterschiede in der Fähigkeit zum Inferenzschluss.

Auch die Entwicklung des Meta-Gedächtnisses (also das Nachdenken über das Gedächtnis selbst) ermöglicht eine zunehmende Leistungsfähigkeit der menschlichen Informationsverarbeitung. Zu seinen Komponenten gehören das deklarative Meta-Gedächtnis (*Wie viel kann ich mir merken?*), das prozedurale Meta-Gedächtnis (*Wie kann ich mir etwas besonders gut merken?*) und das konditionale Meta-Gedächtnis (*Warum kann ich mir mit dieser Strategie besonders viel merken?*).

Welche Möglichkeiten der Lernunterstützung für Gedächtnisprozesse können von Lehrkräften gegeben werden? Als Beispiel werden im Folgenden einige Möglichkeiten benannt, wie die Elaboration von Inhalten gefördert werden kann:

- **Aktivierung bildhafter Vorstellungen**: Stellen Sie sich vor, wie eine neue Information im Gedächtnisnetz ihren Platz dort sucht, wo sie vertraute Gesichter sieht.
- **Verbindung mit persönlichen Erfahrungen**: Können Sie sich noch erinnern, wie in der Zeit französischer Atomtests französische Produkte boykottiert wurden?

- **Bezugnehmen auf eigenes Denken**: Ich verstehe die Beziehung zwischen frühkindlichen Bindungstypen und dem Lernvermögen von Kindern nicht. Mal sehen, ob sich das beim Weiterlesen noch klärt.
- **Aktivierung von Sachwissen**: Der Bundespräsident wird nicht vom Bundestag, sondern von der Bundesversammlung gewählt.
- **Paraphrasierung** (mit anderen Worten bereits Gesagtes wiederholen; verdeutlichend umschreiben): Um die Globalisierung besser verstehen zu können, denken Sie bitte auch an die Rolle, die das Internet heute für uns alle spielt. Ereignisse, die am anderen Ende der Welt passieren, werden durch das Internet auch bei uns präsent und betreffen uns alle damit persönlich viel stärker.

7.1.4 Denken und Gedächtnis beim Aufbau von Wissensstrukturen

Der Begriff des Schemas ist in diesem Buch bereits mehrfach verwendet worden. Piaget hat ihn eingeführt und als die intern repräsentierte (subjektive) Vorstellung des Individuums von Umweltgegebenheiten beschrieben. Schemata sind also unsere Vorstellungen von der Welt. Um die Abbildung von Wissen in unserem Informationsverarbeitungssystem verstehen zu können, müssen wir die gewonnenen Kenntnisse zum Denken des Menschen und zu den menschlichen Gedächtnisprozessen zusammenführen: Im Denken werden äußere Informationen und ihre innere Repräsentation (Schema) miteinander verglichen. Dafür muss das Individuum auf seine gespeicherten Repräsentationen im Gedächtnis zurückgreifen können (Abruf) und diese in einer Arbeitsinstanz mit den neuen Informationen in Beziehung setzen können.

So wie das Wort „Lernen" in seiner Herkunft mit dem „nachspüren" verbunden ist, so ist das Wort „Wissen" mit dem Begriff „gesehen haben" verwandt. *„Ich habe nachgespürt und weiß nun das, was ich da gesehen habe."* Wissen selbst ist schwer zu definieren. Es gibt aber begriffliche Unterteilungen, die helfen, dem Wort „Wissen" „nachzuspüren":

- **Explizites Wissen**: eindeutig kodiertes, bewusstes Wissen, das sprachlich kommuniziert werden kann
- **Implizites Wissen**: „stilles Wissen", das vorhanden ist, ohne dass sich das Individuum seines Besitzes bewusst ist. Es ist häufig im praktischen Können sichtbar, ohne dass es – zumindest nur unter erheblichem Explizierungsaufwand – sprachlich kommuniziert werden könnte (z. B. Schwimmen können) (Polanyi, 1985)

Individuelles Leistungsvermögen 107

- **Deklaratives Wissen**: abgespeichertes Faktenwissen, das in Aussagesätzen dargelegt werden kann (explizites Wissen).
- **Prozedurales Wissen**: Wissen über Handlungsabläufe (vgl. implizites Wissen)

Ein Beispiel: „Als Lisa mit ihrem Ballon von dem Geschäft zurückkehrte, fiel sie hin, und der Ballon schwebte von dannen." (Matlin, 1994, nach Mietzel, 2003, S.196)
Sicherlich fällt es Ihnen nicht schwer, diese neue Information zu Ihren gespeicherten Schemata in Beziehung zu setzen. Vor Ihrem geistigen Auge entsteht ein Bild aus den abgespeicherten Schemata von Menschen (Kindern?), die Lisa heißen (oder Vorstellungen davon, wie eine „Lisa" aussehen könnte) und in einem bestimmten Alter sind, von Geschäften (Spielzeugläden?), wo es Ballons (rote Luftballons?) zu kaufen (gekauft?) gibt, und wie Lisa wohl weinen wird (weint sie?), wenn sie hinfällt (ist es wirklich sie, die in Ihrer Vorstellung hinfällt?). Sie sehen schon an diesem Beispiel, Schemata sind äußerst individuell – und sie können trügerisch sein. Unser informationsverarbeitendes System füllt Lücken mit Phantasie, und diese Phantasie kann bei jedem Lerner ein anderes Bild hervorrufen.

Ein anderes Beispiel: „Der Haufen war die Rettung, als der Stoff riss."
Welche Schemata werden bei Ihnen durch diese Information aktiviert? Fällt es Ihnen nun ebenso leicht wie zuvor, ein Bild vor Ihrem geistigen Auge entstehen zu lassen? In dieser Information scheinen Gedächtnisinhalte miteinander verknüpft zu sein, die normalerweise im Wissensnetz des Menschen weit voneinander entfernt liegen (Haufen, Stoff). Für ein unmittelbares Verständnis dieses Satzes fehlen Informationen, die diese Verknüpfung verdeutlichen oder erklären könnten. Vielleicht könnten die Informationen „Heuhaufen" und „Fallschirmstoff" diese Brücke für Sie schlagen?

Für die Beschreibung der Speicherung von Wissen haben sich drei unterschiedliche Formen besonders bewährt. Bitte denken Sie aber in deren folgenden Beschreibungen daran, dass es sich dabei um Operationalisierungen neuronaler Prozesse handelt. Die eigentliche neuronale Struktur kann ganz anders aussehen als die Beschreibungsmodelle.

- **Propositionale Speicherung**: Speicherung grundlegender Wissenseinheiten (Propositionen) und ihrer logischen Beziehungen untereinander. Dieses Beschreibungsmodell eignet sich gut zur Darstellung der Speicherung expliziten, sprachlich repräsentierten Wissens. Sätze werden in ihre

Grundstrukturen zerlegt, und es erfolgt die Speicherung der grundsätzlichen Bedeutungen der Sätze, nicht der Satzstruktur selbst.
- **Bildhafte Speicherung**: Vieles, was wir uns vor unser geistiges Auge rufen können, ist bildhaft gespeichert, also nicht technisch in seine Propositionen zerlegt, sondern relativ ganzheitlich abgelegt. Bildhafte, ganzheitliche Speicherung benötigt einen großen Speicherplatz, dies ist auch aus der Computertechnik bekannt. Insofern erfolgt auch die bildhafte Speicherung nicht fotografisch, sondern konzentriert sich auf wesentliche Details.
- **Skripts**: Typische Ereignisabläufe werden in Form von Skripts gespeichert. In ihnen sind die zentralen Elemente von Situationsklassen enthalten, die dann für spezifische Ereignisse nur noch um Bilder oder Propositionen besonderer Ereignisse ergänzt werden müssen.

In all diesen Beispielen wird die Subjektivität menschlichen Wissens deutlich: es geschieht keine exakte einszueins Speicherung, sondern die Erinnerungen und das Wissen werden immer gespeicherte und konstruierte Elemente enthalten. Über die Art, wie bildliche und propositionale (verbale) Inhalte in den Wissensstrukturen miteinander verknüpft werden, existieren in der Allgemeinen Psychologie unterschiedliche Auffassungen. Anderson (1983) beschreibt ein einheitliches semantisches Gedächtnis, in dem sowohl verbale als auch nonverbale, bildhafte Inhalte in Form von Propositionen gespeichert sind. Durch Bildanalysen werden Bilder und durch Graphemanalysen werden verbale Inhalte in diese Propositionen überführt. Demgegenüber beschreibt Paivio (1986) in seinem Modell der Dualen Kodierung zwei unterschiedliche Speicher für beide Arten von Informationen. Im nonverbalen Gedächtnis sind demnach Informationen in Form von mentalen Modellen abgespeichert. Im verbalen Gedächtnis bilden Propositionen die entsprechenden Inhalte ab. Zwischen beiden Konzepten gibt es Austauschprozesse und Abstimmungen. Wiederum sind es Bildanalysen und graphemische Analysen, durch die die wahrgenommenen Informationen für die entsprechenden Speichermodalitäten aufbereitet werden. Komplexe Wissensstrukturen entstehen durch die Verknüpfungen der einzelnen deklarativen Wissenseinheiten. Knoten in diesen Netzwerken entsprechen Propositionen, bildhaften Vorstellungen (mentalen Modellen) oder Skripten, zwischen diesen bedeutungshaltigen Wissenseinheiten bestehen unterschiedlich starke Links. Diese Links werden durch Denkprozesse aktiviert, die wiederholte Aktivierung verstärkt sie, während längere Inaktivität sie schwächt und zu Vergessen führt.

7.2 Intelligenz, Hochbegabung, Expertise – Vom Umgang mit Unterschiedlichkeit

Während es in den vorangehenden Abschnitten um kognitive Leistungsvoraussetzungen von Lernern ging, in denen die gemeinsamen Gesetzmäßigkeiten dominieren, werden wir uns in den folgenden Abschnitten mit den Leistungsvoraussetzungen beschäftigen, die Unterschiedlichkeit von Lernenden beschreiben. Nachstehend geht es vorwiegend um Unterschiede im kognitiven Leistungsbereich – um den Aspekt, der allgemein als Intelligenz bezeichnet wird. Intelligenz zeichnet uns Menschen gemeinsam aus und macht uns gleichzeitig voneinander verschieden. Sie wird von uns in die aktuelle Lebensbewältigung mit eingebracht und befördert unser lernendes Handeln im Kontext in dem Maß, in dem sie uns individuell zur Verfügung steht. Hochbegabung kennzeichnet die obersten Extrembereiche des kognitiven Leistungsvermögens von Menschen. Expertise ist demgegenüber eine Leistungsvoraussetzung, die individuell von jedem erworben werden kann und uns hilft, die Leistungsgrenzen des Kennens und Könnens von Anfängern weit zu überschreiten.

7.2.1 Die Intelligenz von Lernenden

Es gibt keine eindeutige und einheitliche Definition von Intelligenz – vielmehr gibt es eine Reihe unterschiedlicher Intelligenzmodelle. In den meisten Theorien wird davon ausgegangen, dass es eine Intelligenz gibt und dass intelligentem Handeln eine latente (nicht beobachtbare) Variable – eben die Intelligenz – zugrunde liegt. Zwischen Individuen gibt es quantitative Unterschiede in der Intelligenz, die auf einer Skala abgebildet werden können. Hiermit im Widerspruch stehen Theorien davon, dass Menschen unterschiedliche Intelligenzen besitzen können, die nicht miteinander korrelieren (z. B. Gardner, 1983).

Insbesondere beim Thema Intelligenz hat die alte entwicklungspsychologische Diskussion um die Balance von „angeboren" oder „erworben" immer wieder neue Hochkonjunktur. Davon abgesehen, dass in diesem Dualismus das aktive Handeln des Individuums in Auseinandersetzung mit seinen biologischen Prädispositionen wie auch seinen Umwelteinflüssen völlig ignoriert wird: es gibt bisher keine zufriedenstellende Möglichkeit, genetische und Umwelteinflüsse methodisch voneinander zu trennen, da sie in der Realität immer miteinander verknüpft sind. Die Kovariation von Genen und Umwelt kann selbst in methodisch sauberen Zwillings- und Adoptionsstudien (diese gelten als Königsweg zur Analyse von Genwirkungen und Umwelteinflüssen auf die Herausbildung bestimmter Merkmale) zu Fehlinterpretationen durch methodische Artefakte führen. Einige spezielle Aspekte von Intelligenz werden wir im Folgenden vertiefen, jedoch ist die Debatte innerhalb der Psychologie (und der angrenzenden Wissenschaften) noch keineswegs abgeschlossen (vgl. Asendorpf, 2009).

Zu berücksichtigen ist weiterhin, dass Intelligenz ein *soziales Konstrukt* ist (und als solches zeit- und generationsabhängig), das nicht mit Sicherheit messbar ist (Myers, 2010). Wir gehen z.B. davon aus, dass unsere Messinstrumente genau genug sind, um die Körpergröße eines Menschen nahezu hundertprozentig bestimmen zu können. Gleiches gilt nicht für die Intelligenz – ihre Messung mittels IQ-Test ist immer mit einem Messfehler behaftet, der in der Unschärfe des Konstrukts selbst mitbegründet ist. Dies hat zu folgender Definition geführt:

> „Intelligenz ist das, was Intelligenztests messen, die so konstruiert wurden, dass sie das Bildungsniveau möglichst gut vorhersagen, oder kurz: Intelligenztests messen die Befähigung zu hoher Bildung." (Asendorpf, 2009, S. 80f.)

Die Vorstellung von Intelligenz – das „Konstrukt" Intelligenz – hat sich im Laufe der Zeit verändert, und heute existieren eine Reihe unterschiedlicher Vorstellungen nebeneinander. Zu Beginn der Erforschung der Intelligenz beschränkten sich die Modelle vor allem auf intellektuelle Begabung, ihre Messung und Bewertung. Sir Francis Galton hat sich 1879 als einer der ersten systematisch mit der Intelligenz beschäftigt und *Wortassoziationsexperimente* entwickelt. Für ihn war Intelligenz eine von der Natur mitgegebene Eigenschaft oder Fähigkeit. Im Jahr 1905 entwickelten Alfred Binet und Theodore Simon den ersten Intelligenztest für Kinder, den *Simon-Binet-Test*. Charles Spearman unternahm um 1904 erste Versuche, Intelligenz als Generalfaktor (*g-Faktor*) zu messen – er entwickelte die sogenannte *Zweifaktorentheorie der Intelligenz*. Später entwickelte John C. Raven (1941) ein kulturunabhängiges, sprachfreies Verfahren, die *Progressiven Matrizen*. Ein Beispiel für einen Matrizentest findet sich in Abbildung 8. Kritiker von Intelligenztests können jedoch gute Gründe anführen, warum auch diese Verfahren nicht vollkommen kulturunabhängig sind (Süss, 2003).

Individuelles Leistungsvermögen

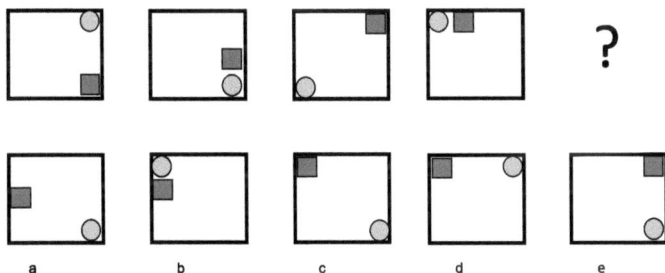

Abbildung 8   Beispiel für einen Matrizentest

Sogenannte faktorenanalytische Ansätze (wie z. B. der von Spearman) beschreiben Intelligenz als eine Anzahl definierter Teilbereiche, die sich getrennt erfassen lassen, in der Summe jedoch wieder einen übergeordneten Intelligenzfaktor abbilden. Neben den Allgemeinen Intelligenztests gibt es solche, die *fluide Intelligenz* (Problemlösefähigkeit) und *kristallisierte Intelligenz* (erworbenes Wissen) unterscheiden. Wieder andere Tests unterscheiden *verbale* und *praktische Intelligenz*. Die unterschiedlichen Intelligenztests basieren auf unterschiedlichen Annahmen darüber, was Intelligenz ist. Daher ist ein Vergleich der Werte unterschiedlicher Tests nur eingeschränkt möglich.

Ein Intelligenztest selbst ist allgemein ein Instrument oder Verfahren der psychologischen Diagnostik, mit dem die Intelligenz einer Person gemessen wird. Die Annahme dabei ist, dass das Ergebnis im Intelligenztest etwas über die kognitive Leistungsfähigkeit im Alltag aussagt. Es gibt eine ganze Reihe unterschiedlicher Intelligenztests – am bekanntesten ist der Ansatz, einen integrierten Wert, den sogenannten Intelligenzquotient (IQ) zu ermitteln. (Dies sind die „IQ-Tests" im eigentlichen Sinne.) Der IQ als alleiniger Wert birgt jedoch die Gefahr einer Stigmatisierung, weshalb in der Praxis auf eine begründete Auswahl und gegebenenfalls auch Mischung der Verfahren und eine ausführliche Rückmeldung der Ergebnisse Wert gelegt werden muss.

Intelligenztests sind allgemein so gestaltet und normiert, dass sich – wenn die Tests auf eine zufällig gezogene Stichprobe angewendet werden – eine Normalverteilung des IQ ergibt mit einem Mittelwert von 100 und einer Standardabweichung von 15. Ein Test wird in der Entwicklung so lange verändert, bis eine Normalverteilung der Werte erreicht ist. Dass die Intelligenz selbst allerdings tatsächlich normalverteilt ist, kann weder bewiesen noch widerlegt werden. Intelligenz ist ein Konstrukt, und Tests werden so konstruiert, dass die Ergebnisse zu diesem Konstrukt passen (Rosemann, 1979). Der IQ wird dabei mit folgender Formel bestimmt:

Formel 1   Formel zur Bestimmung des IQ (χ ist der gemessene Wert, μ ist der Durchschnittswert in der jeweiligen Altersgruppe, σ ist die Standardabweichung)

$$IQ = 100 + \frac{15(\chi - \mu)}{\sigma}$$

Bestimmt werden muss somit, wie alt ein Mensch tatsächlich ist – das ist einfach – und wie alt er im Sinne der Intelligenztestaufgaben ist. Löst er die Aufgaben, die eigentlich nur von Menschen gelöst werden, die älter sind als er, so ist sein Intelligenzalter höher als sein Lebensalter, was den IQ in der gängigen Standardisierung über 100 hebt. Ist sein Intelligenzalter geringer als sein Lebensalter, so wird sein IQ niedriger als 100 berechnet. Die Standardisierung auf den Mittelwert 100 und die Standardabweichung 15 ist dabei willkürlich, hat sich jedoch in der IQ-Messung allgemein durchgesetzt. (siehe Formel 1)

Intelligenz verändert sich mit der Zeit, und Intelligenzwerte können nicht ohne weiteres über Länder (Kulturen) oder Generationen hinweg verglichen werden. Ebenso kann ein in den USA entwickelter Test nicht einfach in eine andere Sprache übersetzt und dann in einem anderen Land angewendet werden. Intelligenztests stoßen ganz grundsätzlich auf kulturelle Grenzen: Wenn die Verfahren für die Getesteten keinen Realitätsbezug haben, werden sie unernst oder gar nicht beantwortet. IQ-Tests müssen daher in Abständen neu normiert und den aktuellen gesellschaftlichen Anforderungen angepasst werden – was äußerst kosten- und zeitaufwändig ist.

IQ-Tests sind im Allgemeinen recht gut in der Lage, den Schulerfolg vorherzusagen. Intelligente Leute sind nicht nur schulisch erfolgreicher (Amelang, 1990), sie besetzen auch höhere Berufspositionen (Eysenck, 1996). Dies wirft Fragen auf hinsichtlich des zugrundeliegenden Verständnisses von Intelligenz – wenn Intelligenz mehr sein soll als Schul- oder Berufserfolg.

Wie sieht die Stabilität des IQ über den Lebensverlauf aus? Ältere Menschen weisen nicht selten darauf hin, dass ihnen selbst ihr Alter zum ersten Mal bewusst wird, wenn sie nur noch schwer etwas lernen oder erinnern können (Kruse & Rudinger, 1997). Die Frage, ob die Intelligenz stabil bleibt oder sich im Lebensverlauf verändert, ist damit jedoch nur schwer zu beantworten. Dies liegt zum einen an der Messung des IQ selbst (da dort die Testpersonen mit Altersgleichen verglichen werden) und zum anderen an den Veränderungen in den kulturellen Anforderungen, die der IQ-Messung zugrunde gelegt werden. Während in Querschnittstudien von einem sinkenden IQ im Kohortenvergleich berichtet wird, zeigen Längsschnittuntersuchungen eher Stabilität im IQ-Verlauf.

Bei Differenzierung der Intelligenzkomponenten zeigen insbesondere die kristallisierten (verbalen) Komponenten hohe Stabilität bis zum Alter von 80 Jahren, während in den fluiden Handlungsanteilen im IQ schon ab dem Alter von 20 Jahren deutliche kontinuierliche Abnahmen deutlich werden. Anderson (1992) hat dies in seinem integrativen Modell der Informationsverarbeitung beschrieben: Informationsverarbeitung ist dabei von einer angeborenen „Prozessorleistung" abhängig und von erworbenen geistigen Operationen, die die Informationsverarbeitung unterstützen. Die Prozessorleistung lässt im Alter nach, aber die Älteren können diese Verluste gegenüber Jüngeren mit ihrem Schatz an deklarativem und prozeduralem Wissen lange ausgleichen.

Für Unterschiede in der Intelligenz werden – neben den bereits erwähnten genetischen Prädispositionen – auch Einflüsse des sozialen Umfelds, der Ernährungszustand der Kinder, Armut, emotionale Zuwendung, Jodmangel, das Stillen der Kinder und Alkohol- und Drogenkonsum der Mütter verantwortlich gemacht. Keine dieser gelegentlich beschriebenen Ursachen wirkt jedoch für sich allein, sie stehen in komplizierter Interaktion, die die Vorhersage intellektueller Entwicklung von Kindern erschwert. Eine Studie wollen wir uns hierzu genauer ansehen:

O'Connor und Kollegen (2000) haben die intellektuelle Entwicklung von rumänischen Waisenkindern untersucht, die nach Jahren der Deprivation in Heimen in englische Familien adoptiert wurden. Gewicht, Größe und Kopfumfang dieser Kinder waren bei ihrer Ankunft 2 Standardabweichungen unterdurchschnittlich. Im Mittel erreichten die Kinder auf der Denver-Developmental-Scale 63 Punkte, was einer geistigen Behinderung entspricht. 59 % der Kinder hatten sogar einen Punktwert unter 50. Im Alter von 6 Jahren wurden die Kinder erneut auf ihre Intelligenz getestet. Es zeigte sich, dass alle Kinder eine normale Intelligenz entwickelt hatten, allerdings war der Zugewinn auch davon abhängig, wie alt (oder besser gesagt jung) die Kinder zum Zeitpunkt der Adoption waren: Die Kinder, die damals 0 bis 6 Monate alt waren, erreichten einen Durchschnitts IQ von 114, die mit 6 bis 24 Monaten adoptierten Kinder einen IQ von 99, und die „Spätadoptierten" (24 bis 42 Monate) einen IQ von 90. Frühe Defizite ließen sich also ausgleichen, aber der Einfluss der förderlichen Umwelt war nicht unbegrenzt.

Unterschiede in der gemessenen Intelligenz finden sich auch zwischen ethnischen Gruppen. In der Vergangenheit wurde dies häufig pauschal auf genetische Unterschiede zurückgeführt, obwohl sich dafür keine Belege finden ließen. Selbst wenn eine Vererbung von Intelligenz angenommen wird, so kann dies nur Unterschiede innerhalb einer Gruppe erklären – nicht jedoch Unterschiede zwischen Gruppen, vor allem wenn es sich dabei um ethnische Minderheiten handelt (Zimbardo & Gerring, 2004) – und an diesen der Test nicht normiert wurde. Ohne auf die zahlreichen Publikationen einzugehen, soll hier auf eine Studie hingewiesen werden (Tiedemann & Billmann-Mahecha, 2004), die im Jahr 2005 in Deutschland Aufsehen erregte:

Die Hannoversche Grundschulstudie hatte scheinbar gezeigt, dass Türken im Durchschnitt weniger intelligent sind als Deutsche – dies wurde mittels sprachfreier Intelligenztests ermittelt. Es folgte eine kontroverse Diskussion in den Medien, vor allem in der Zeitschrift „Die Zeit" (www.zeit.de/2005/31/C-KastenStudie und www.zeit.de/2005/31/C-Stern). Zu den Kritikern der vorschnell gezogenen Schlüsse gehörte u.a. die international renommierte Lernpsychologin Elsbeth Stern. Sie führte an, dass die Mehrzahl der Türken, die in den vergangenen Jahrzehnten nach Deutschland kamen, aus eher bildungsfernen Schichten stammt. Die kognitive Entwicklung ihrer Kinder wird also von vornherein nicht im gleichen Maße gefördert. Auch sprachfreie Tests können das Umfeld nicht ausblenden: Wer zum Beispiel als Kind viel Erfahrung mit Puzzles gemacht hat, ist bei diesen Tests im Vorteil.

7.3 Das Phänomen Hochbegabung

Heller (1992, S. 344) beschreibt den Fall Anne (9. Klasse). In ihren Jahrgangszeugnissen wurde schon früh ihre Besonderheit deutlich. Jahreszeugnis erste Klasse: „Die kleine Person weiß genau, was sie will.", „Bei Sachfragen ruht sie nicht eher, bis sie eine für sie befriedigende Antwort bekommen hat.", „Sie gibt sich mit keiner Arbeit und Mühe zufrieden, sofern sie nicht den Grund dafür einsehen kann." Heute als Jugendliche schildert Anne: „Bei den Lehrern, bei denen, die ich hatte, da fragt man etwas, und dann wird die Antwort so umgewandelt, dass sie in den Stoff passt. Da wird dann gar nicht beantwortet, was ich eigentlich wissen will. Irgendwann kommt ‚das können wir noch nicht', und da gibt man mit der Zeit auf."

In der Umgangssprache hat der Begriff Hochbegabung keine klar umrissene Bedeutung – wir sprechen z.B. von einem hochbegabten Pianisten oder einem hochbegabten Sportler, ohne dass dabei der Grad der Leistung deutlich wird. Die Ausdrücke bedeuten lediglich, dass eine Leistung gezeigt wird, die über den allgemein beobachteten Durchschnitt weit hinausreicht. Wissenschaftlich gesehen werden Menschen dann als „hochbegabt" bezeichnet, wenn ihre Testergebnisse in einem standardisierten Intelligenztest mindestens zwei Standardabweichungen über dem Mittel liegen (siehe Kapitel 7.2.1). Sie sind also per Definition selten – auf der in Deutschland verwendeten Skala wird ein IQ von über 130 nur von 2.2 % der Bevölkerung erreicht (vgl. Billhardt, 1996). Mitunter wird darüber hinaus von „Höchstbegabung" gesprochen, definiert als ein IQ von 145 oder mehr, der nur bei 0.1 % der Bevölkerung zu erwarten ist. Dieses Konzept ist jedoch umstritten. Würde ein normal begabter Mensch aus der Gegenwart in der Zeit um 100 Jahre zurück reisen, dann würde er dort als hochbegabt gelten. Und wenn amerikanische Kinder im Jahr 1932 mit die Version des Intelligenztests aus dem Jahr 1990 untersucht worden wären, dann hätte der Durchschnitts-IQ statt bei 100 nur bei 80 gelegen. Zu beiden Zeiten hat es den gleichen Anteil Hochbegabter gegeben, weil der Test im Laufe der Zeit mehrfach überarbeitet und angepasst worden ist (Neisser, 1997).

Es gibt keine psychodiagnostischen Methoden, Hochbegabung für spezielle Bereiche – etwa Musik oder Sport – zu erfassen. Der Begriff der Hochbegabung bezieht sich ausschließlich auf den Bereich der allgemeinen Intelligenz. Für besondere Leistungen oder Begabungen in Teilbereichen hat sich der Begriff der Hoch*leistung* durchgesetzt (Rost, 2001); mitunter wird auch von partieller oder Teilbegabung gesprochen (Billhardt, 1996). Solche Teilbegabungen sind für eine ganze Reihe von Wissens- und Handlungsfeldern beschrieben worden (Gardner, 1983). Im eigentlichen Sinne hochbegabte Kinder zeichnen sich durch typische Merkmale aus (Winner, 1996) – diese bieten häufig erste Anzeichen dafür, dass eine Hochbegabung vorliegt, lange bevor diese formal diagnostiziert worden ist. Hierzu gehören Frühreife, Lernen auf eigene Faust und eine weit überdurchschnittliche („wütende") Wissensbegierde. Zur eigentlichen Diagnose ist dann in der Regel der Einsatz unterschiedlicher Verfahren angezeigt, in Kombination mit der Befragung von Bezugspersonen (Eltern, Lehrer).

Kritiker des Konzepts der Hochbegabung führen an, dass in der Intelligenzforschung allgemein eher mit Mittelschichtkindern gearbeitet wird und Eigenschaften erfasst werden, die für diese Gruppe typisch sind. In der Konsequenz werden Kinder mit niedrigem sozio-ökonomischen Status oder mit einem anderen kulturellen Hintergrund nur selten als hochbegabt identifiziert – ihre Fähigkeiten werden möglicherweise schlicht übersehen (Lewontin et al., 1987). Kritisiert wird sowohl die scheinbar willkürliche Festsetzung der Grenze von Hochbegabung (Brand, 2001); zum anderen wird das Konzept der Begabung selbst grundsätzlich in Frage gestellt (Bultmann, 1999).

Ungeklärt ist nach wie vor, wie Hochbegabung entsteht. Allgemein wird von einer Mischung aus genetischer Veranlagung und einem förderlichen sozialen Umfeld ausgegangen (Weinberg, Scarr & Waldmann, 1992). Das *Triadische Interdependenzmodell* von Mönks (vgl. Mönks & Ypenburg, 1998) geht davon aus, dass Hochbegabung erst dann wahrscheinlich wird, wenn alle erforderlichen Faktoren zusammenkommen:

- Soziales Umfeld (insbesondere Familie, Freunde, Schule)

- Persönliche Eigenschaften (Motivation, Kreativität)
- und besondere intellektuelle Fähigkeiten

Schon Sander (1967) hat angedeutet, dass eine hohe intellektuelle Leistungsfähigkeit allein noch keinen Garant für eine erfolgreiche Entwicklung darstellt. Er beschreibt „Typen unharmonischer Begabung", die die Bestimmungsstücke hoher Begabung – Intelligenz, Wille und Interesse – in unterschiedlichem Ausmaß aufweisen. Wer nur intelligent sei, kann so schnell zum „teilnahmslosen Streber werden", wer nur Wille zeige, wird schnell zum „ehrgeizigen Streber", und ist nur Interesse zu beobachten, dann können die schwankenden Interessen längerfristig kein dauerhaftes Potenzial entfalten. Auch wenn diese Beschreibung heute etwas antiquiert klingen mag, so findet sich die Unterscheidung kognitiver und nicht-kognitiver Leistungsfaktoren heute in allen Modellen der Hochbegabung, z. B. im Renzulli-Modell (Renzulli, 1986) oder im Münchner Modell der Begabung (Heller, 1992).

Heller (1992) konnte in seiner Längsschnittstudie zur Entwicklung hochbegabter Kinder zeigen, dass hochbegabte Kinder sich (natürlich) in leistungsnahen Merkmalen von normalbegabten Kindern deutlich unterschieden, nicht jedoch in allgemeinen, leistungsfernen Merkmalen. Er identifizierte zwei Gruppen von Hochbegabten, die als „hochbegabte Leistungsexzellente" und „hochbegabte Minderleister" beschrieben wurden. Ihr Leistungsvermögen konnten nur die Kinder nutzen und ausschöpfen, die eine intrinsische Leistungsmotivation, ein positives akademisches oder schulisches Selbstkonzept, internale Attribuierung, eine starke Hoffnung auf Erfolg und Selbstbewusstsein hatten. Minderleister waren durch eine ungünstige Motivationsstruktur, ein geringes akademisches Selbstkonzept, externale Attribuierung, Furcht vor Misserfolg und Ängstlichkeit gekennzeichnet.

Winner (1996) nennt eine ganze Reihe von Maßnahmen, die Hochbegabte in ihrer Entwicklung unterstützen können:

- Spezialklassen für hochbegabte Kinder
- erweitertes Unterrichtsangebot (enrichment) – Förderung außerhalb der Klasse, Einteilung aller Schüler in Leistungsgruppen
- Akzeleration (Überspringen von ein bis zwei Klassen)
- separate Sonderschulen für Hochbegabte
- Einsatz Hochbegabter als Tutoren
- außerschulische Maßnahmen (Kurse, Expertentreffen, Gasthörerschaft an Hochschulen etc.)

Individuelles Leistungsvermögen

Allgemein anerkannt scheint, dass Hochbegabte von einem auf sie zugeschnitten Bildungsumfeld profitieren, um ihr Potenzial zu entfalten. Hierzu gibt es in zunehmendem Maße Schulen für Hochbegabte – häufig in Internatsform, weil die insgesamt geringe Zahl von Hochbegabten geographisch weit verstreut ist. Daneben gibt es Hochbegabtenvereinigungen mit unterschiedlichen Aufnahmebedingungen und Zielsetzungen.

7.3.1 Die Entwicklung von bereichsspezifischem Wissen (Expertise)

Der Weg zur Hochbegabung ist den meisten Menschen verstellt. Wir wollen uns hier jedoch mit einem anderen Leistungsphänomen auseinandersetzen, das im Prinzip allen Menschen offen steht – dem Phänomen bereichsspezifischen Wissens und bereichsspezifischer Fähigkeiten: der Expertise. Sie ist von allgemeiner Intelligenz zu unterscheiden und wird immer dann wirksam, wenn in einer aktuellen Problemsituation auf bereits gemachte Erfahrungen zurückgegriffen werden kann.

> Expertise wird definiert als Ansammlung spezifischer, erworbener Mechanismen, die es Experten ermöglichen, die Kapazitätsgrenzen, die die Leistung von Novizen charakterisieren, zu überwinden. Sie ist abzugrenzen von Intelligenz als generalisierter Fähigkeit, die sich auch auf die Bewältigung neuer Aufgaben auswirkt. Expertise entsteht über die Zeit durch fortlaufende Anpassung an spezifische Anforderungen, durch Leistungseinsatz und hohe Motivation sowie durch den selbständigen Einsatz der jeweils besten Strategien.

Experten im Allgemeinen sind im Unterschied zu Neulingen im Fachgebiet („Novizen") durch die folgenden Charakteristika gekennzeichnet (Chi, Glaser & Farr, 1988):

- Expertentum ist bereichsspezifisch
- Experten erfassen schnell bedeutsame Gegebenheiten und organisieren sie in große bedeutungsvolle Einheiten
- Sie sind geübter und daher schneller bei der Fertigkeitenanwendung und der Aufgabenlösung
- Experten nutzen ihr Kurzzeitgedächtnis effektiver
- Experten achten auf Tiefenstruktur (Lösungsschemata) stärker als auf Oberflächenstruktur von Problemen

- Experten verwenden mehr Zeit für Problemanalyse und vermeiden vorschnelle Lösungen
- Experten zeigen hohe metakognitive Aktivität.

Expertise entsteht über drei Erwerbsstufen hinweg (Fitts & Posner, 1967):

- **Kognitive Stufe:** Erwerb des deklarativen Wissens über die Aufgabe oder den Bereich (wissen, *was* zu tun ist)
- **Assoziative Stufe:** Transformation des deklarativen Wissens in prozedurales Wissen (wissen, *wie* etwas zu tun ist – und schnelleres Wiedererkennen der Aufgabe)
- **Autonome Stufe:** Die leistungsrelevanten Prozesse sind automatisiert; die bewusste Kontrolle ist minimal.

Der Aufbau von Expertise ist immer ein langwieriger Prozess, in dem eine fortlaufende Anpassung an spezifische Aufgaben- und Leistungsanforderungen durch selbständigen Einsatz optimaler Strategien erforderlich ist. Der allgemeine Aufbau von Expertise steht dabei in enger Verbindung mit Anstrengung sowie Motivations- und Kapazitätsmerkmalen. Insofern ist es schlicht falsch, bei Experten von „Naturtalenten" oder „Begabten" zu sprechen – die meisten von ihnen haben eine lange Zeit intensiven Ausprobierens, Übens und Wiederholens hinter sich, bis sie die heutige Meisterschaft erreicht haben. Ericsson und Crutcher (1990) konnten dies zum Beispiel durch Untersuchungen von Gedächtnisgenies nachweisen: keines von ihnen hatte schon über spezifische „angeborene" Talente verfügt. Alle hatten mindestens 10 Jahre intensiven und zielgerichteten Übens hinter sich. Ähnliche Befunde zeigten sich auch bei Geigern. Die Besten unter ihnen hatten im Alter von 20 Jahren schon mehr Übungsstunden kumuliert als ihre Lehrer und gute, aber nicht hervorragende Geiger (Ericsson, Krampe & Tesch-Römer, 1993).

Dass bereichsspezifische Höchstleistungen nicht notwendigerweise in einem aus Lehrersicht lobenswerten Interessenbereich erreicht werden können – und auch von Schülern, die ansonsten eher durch schwache Leistungen auffallen – konnten Schneider, Körkel und Weinert (1989) zeigen. Sie untersuchten Schüler der 5. Klasse mit fachspezifischen Texten zum Thema Fußball und erfassten bei ihnen Leistungsvariablen wie Wissen über Fußball, Textgedächtnis und Textverständnis, prozedurales metakognitives Wissen und verbale und nichtverbale Intelligenz. In ihrem 2 mal 2 Design (gute und schlechte Lerner, Fußballexperten und Fußballnovizen) konnten sie zeigen, dass die besten Leistungen im Textverständnis von ansonsten schlecht lernenden Fußballexperten gezeigt wurden, dicht gefolgt von den guten Lernern unter den Fußballexperten. Fußballnovizen (egal, ob ansonsten schlechte oder gute Lerner) zeigten deutliche schwächere Verständnisleistungen.

Spezifische Lernstrategien ermöglichen es auch älteren Experten, bessere Leistungen als jüngere Menschen zu zeigen, die nicht über die jeweilige Expertise verfügen – es handelt sich hier um hoch organisiertes und leicht abrufbares Wissen (Kruse & Rudinger, 1997).

7.4 Zusammenfassung und weiterführende Literatur

Lernende setzen sich nicht nur mit den Erwartungen ihrer Umwelt auseinander. Die Art und Weise sowie ihr Erfolg bei der Bewältigung ihrer aktuellen Anforderungen ist auch davon abhängig, welche inneren Leistungsvoraussetzungen sie in den Lernprozess mit einbringen. Die Fähigkeit zu denken, Informationen abzuspeichern und diese Informationen in ein bestehendes Wissensnetz einzuarbeiten, gehört zu den unmittelbaren Voraussetzungen für den menschlichen Erkenntnisfortschritt. Die Beschreibung individueller Intelligenz ist eine Möglichkeit, Unterschiede in Verarbeitungsgeschwindigkeit und Effizienz beim Lernen zu kennzeichnen. Menschen mit außergewöhnlichen Fähigkeiten werden als hochbegabt bezeichnet. Höchstleistungen sind jedoch nicht notwendigerweise von hoher Intelligenz abhängig. Durch systematisches Üben von Fertigkeiten kann in allen Bereichen Expertise erworben werden, die die Bewältigung wiederkehrender Anforderungen enorm unterstützen kann.

Literatur zum Weiterlesen:

Wie denken Kinder? Usha Goswamis (2001) Buch dazu ist unterhaltsam und trotzdem höchst anspruchsvoll.

Das Institut für das begabte Kind gibt einen guten Überblick über die Konzepte Intelligenz und Hochbegabung sowie über gängige Testverfahren. Weitere Informationen unter: http://www.hochbegabten-homepage.de/

Franzis Preckel und Matthias Brüll (2008) systematisieren Intelligenztests in ihrer Übersicht.

Vorsicht bei Onlinetestverfahren für Intelligenz. Diese sind häufig kostenpflichtig und wenig zuverlässig.

8 Der Lebensverlauf – Lernen ein Leben lang

8.1 Aktuelle Trends – Das lebenslange Lernen im Blick

„Egal, ob man Lernen behavioristisch als Veränderung im Verhalten bzw. Verhaltenspotenzial oder kognitivistisch als Veränderung kognitiver Strukturen versteht, Lernen findet nachweislich von der Geburt bis zum Tod statt" (Prenzel, 2000, S. 178).

Für uns mag dieses Zitat fast selbstverständlich erscheinen. Es überrascht trotzdem, wie schwer sich die Pädagogische Psychologie lange Zeit getan hat (und in Teilen nach wie vor tut), das lebenslange Lernen als Teil ihres Gegenstandsgebietes zu begreifen. Dies wird schon im Titel „Pädagogische Psychologie" deutlich, der es der Erwachsenenbildung schwer macht, sich unter ihm wiederzufinden. Und auch in den Themengebieten und Veröffentlichungen sowie in der Lehre und Ausbildung in Pädagogischer Psychologie sind Erwachsenenthemen nach wie vor unterrepräsentiert (Kirschbaum, 1993; Röhr-Sendlmeier & Schumann, 1993). Die Politik scheint da womöglich – zumindest in der Programmatik – weiter zu sein als die akademische Forschung und Lehre: Die Bund-Länderkommission für Bildungsplanung und Forschungsförderung hat 2004 die Strategie zum Lebenslangen Lernen verabschiedet und dabei das lebenslange Lernen wie folgt definiert:

> „Lebenslanges Lernen umfasst alles formale, nicht-formale und informelle Lernen an verschiedenen Lernorten von der frühen Kindheit bis einschließlich der Phase des Ruhestands. Dabei wird „Lernen" verstanden als konstruktives Verarbeiten von Informationen und Erfahrungen zu Kenntnissen, Einsichten und Kompetenzen." (BLK, 2004, S. 13)

Die Strategie orientiert sich an den Lebensphasen und an folgenden Entwicklungsschwerpunkten:

- Bildung und Lernen in allen Altersabschnitten:
- Einbeziehung informellen Lernens im Alltag, auch außerhalb der klassischen Bildungsinstitutionen
- Selbststeuerung des Lernens nach eigenen Bedürfnissen und Vorwissen
- Kompetenzentwicklung steht dabei im Vordergrund, insbesondere die Lernkompetenz, die vielfältigen formellen und informellen Lernangebote effizient für sich zu nutzen
- Vernetzung: sich selbst in der Bildungslandschaft vernetzen zu können, setzt eine vertikale (altersstufenübergreifende) und horizontale (lernbereichsübergreifende) Vernetzung von Angeboten voraus
- Modularisierung: Angebote müssen sich untereinander abstimmen und aufeinander aufbauen
- Lernberatung: Unterstützung im Dschungel vielfältiger Lernangebote und Bildungsmöglichkeiten
- Neue Lernkultur/Popularisierung des Lernens: Lernen soll für alle Altersstufen interessant und attraktiv sein und bleiben
- Chancengerechter Zugang für alle, unabhängig von den Ausgangsbedingungen des Einzelnen

Die Erweiterung der Perspektive der Pädagogischen Psychologie auf das lebenslange Lernen kann nur gelingen, wenn bestimmte Grundannahmen vom Lernen in allen Altersstufen anerkannt werden. Zu diesen Grundannahmen gehören:

- Die Lernfähigkeit bleibt lebenslang erhalten.
- Menschen sind zu flexiblem Handeln in ihrem Entwicklungskontext fähig.
- Die intellektuelle Leistungsfähigkeit bleibt lebenslang erhalten, mögliche Abbauprozesse in fluider Intelligenz im hohen Lebensalter können durch kristalline Intelligenz ausgeglichen werden.
- Lernen setzt in allen Altersbereichen an bereits entwickelten individuellen Interessen an.
- Eine hohe Motivation zum Lernen ist Expertisevoraussetzung.
- Entwicklung ist plastisch, es existieren individuelle Entwicklungsspielräume, die durch selektive Optimierung und Kompensation (SOK) genutzt werden.
- Entwicklung ist Handeln im Kontext, Möglichkeiten kontextueller Vorgaben sind zu erfassen, Grenzen infrage zu stellen.

8.2 Lernen im Kleinkindalter

Im Kleinkindalter lag traditionellerweise der Schwerpunkt der Betrachtung auf den Erziehungs- und Sozialisationsprozessen im Familienkontext. Institutionen wie Krippen, Kindertagesstätten und Tagespflegeeinrichtungen wurden zumeist als Ergänzungsangebote zur Familie angesehen, die vorwiegend der Betreuung und Pflege der Kinder bei Abwesenheit der Eltern dienen sollten. Bildungsangebote sollten unterbreitet werden, die allerdings in Ergänzung zum betreuerischen Angebot verstanden wurden und die familiäre Erziehung unterstützen sollten. Erst in den letzten Jahren ist die frühkindliche Bildung verstärkt in den Blick genommen wurden.

„Ein neuer Blick auf frühkindliche Bildung, ein neues Bildungsverständnis, das den Selbstbildungsprozess der Kinder in das Zentrum der Arbeit in Kindertagesstätten stellt, und eine neue Herangehensweise an die Umsetzung pädagogischer Ziele im Elementarbereich sollen mit den Plänen der Bundesländer für die Neuausrichtung der Arbeit in den Kindertagesstätten in Deutschland Einzug halten. Kinder sind aktive Gestalter ihrer Lern- und Entwicklungsprozesse. Sie konstruieren sich ihr Wissen von der Welt selbst, erwerben Fähigkeiten in der Auseinandersetzung mit Problemstellungen, planen Problemlösungen, probieren sich aus und wachsen an Fehlern genauso wie an Erfolgen." (Mienert & Vorholz, 2007, Kap. 1)

Der ko-konstruktivistische Blick auf frühkindliche Bildung stellt die Pädagogische Psychologie vor die Herausforderung, ein traditionelles, gruppenorientiertes, behavioristisches Lernverständnis zu überprüfen und das individuelle Kind als Akteur seiner Entwicklung ins Zentrum der Betrachtung zu stellen. Kinder sind von Geburt an lernfähige, wissbegierige Individuen, die mit einem Schatz an intuitiven Kompetenzen ausgestattet sind, die sie für die Entdeckung der Welt ab dem Moment der Geburt bestens vorbereitet sehen. Die den Kindern mitgegebenen Lernvoraussetzungen engen sich frühzeitig auf das unmittelbar Notwendige ein, wenn sie nicht von den Kindern schon frühzeitig systematisch genutzt werden können (z.B. für den Spracherwerb, das Sozialverhalten, die Bindungsfähigkeit und das Neugierdeverhalten). Hinzu kommt die veränderte Umweltsituation der Kinder. Häufig haben Eltern weniger Zeit, sich mit den Kindern zu beschäftigen, dafür haben mediale und multimediale Einflüsse auf die Kinder zugenommen. Es besteht die Gefahr, dass sozialer Austausch mit Gleichaltrigen und Erwachsenen im Zuge dieser Entwicklung weniger wird. Die Sprache wird als zentrale Grundlage in der Kette des Lernens betrachtet, was die perfekte Beherrschung der Muttersprache unverzichtbar macht. Somit liegt ein weiteres Augenmerk auch auf der Sprachförderung im Elementarbereich.

Die Altersgruppe der Klein- und Vorschulkinder nicht zu betrachten, wäre für die gesellschaftliche Entwicklung fatal. Um eine Gesellschaft zu erhalten, die aus flexiblen, kreativen, lernbegeisterten und sozial kompetenten Menschen besteht, müssen diese Fähigkeiten bereits im Kindesalter gefördert werden. Dies ist insbesondere auch angesichts der sinkenden Geburtenraten von enormer Bedeutung. Neue entwicklungspsychologische und neurowissenschaftliche Forschung bestätigt sowohl die Notwendigkeit als auch die Möglichkeiten frühkindlicher Förderung (Hüther & Krens, 2005).

8.3 Schulisches Lernen und Erwachsenenbildung im Vergleich

Das schulische Lernen stand traditionell im Fokus der pädagogisch-psychologischen Betrachtungen. Bei genauerem Hinsehen wird jedoch schnell deutlich, dass viele Erkenntnisse aus dem Schulbereich durchaus auch Geltung für das altersstufenübergreifende Lernen haben. Diese Erkenntnisse gilt es zu sichten und erwachsenengerecht neu zu strukturieren. Eine direkte Übertragung kindlicher Psychologie und angewandter Kindheitspädagogik auf Erwachsene wäre jedoch fatal, da die Lebenssituationen von Kindern und Erwachsenen unterschiedlich sind und die Kontexte ihrer Bildungsprozesse sich unterscheiden. In Deutschland ist eine formale Qualifikation auf Hochschulniveau bisher nur für die pädagogische Arbeit mit Schulkindern vorgeschrieben. Entsprechende Qualifikationen für die Arbeit mit Klein- und Vorschulkindern werden gefordert, sind bisher aber noch nicht flächendeckend umgesetzt. In der Erwachsenenbildung sind die formalen Anforderungen an die Lehrkräfte noch geringer. Systematische Standards für die Erwachsenenbildung (wie zum Beispiel in Großbritannien) fehlen noch. Häufig sind es Berufspraktiker, die sich als Fort- und Weiterbilder weiterqualifizieren. Intuitives pädagogisch-psychologisches Wissen steht hier häufig vor gesicherten Erkenntnissen über das Lernen und Wissen Erwachsener. Die Gemeinsamkeiten zwischen dem Lernen von Schulkindern und Erwachsenen seien hier im Überblick dargestellt:

- betrachtet werden zumeist die zielgerichteten, intentionalen Lernprozesse (selten die informellen Lernprozesse)
- das Lernen erfolgt zumeist in Gruppen (Klassen, Matrikeln, Lerngruppen...)
- Lernen erfolgt unter Anleitung durch Erziehende und Lehrkräfte
- Lernen erfolgt primär durch Wissensaneignung, Verhaltensweisen werden vergleichsweise selten geübt
- Lernen in Bildungseinrichtungen erfolgt organisiert.

Der Lebensverlauf – Lernen ein Leben lang

Unterschiede zwischen dem Lernen von Schulkindern und Erwachsenen bestehen fort, sie gleichen sich jedoch in dem Maße an, in dem auch die Erwachsenenbildung stärker staatlich gesteuert und institutionalisiert werden wird:

- Selektionsprozesse in Schulen durch Zeugnisvergabe, Zensierung, Lehrerverhalten
- Erziehungsauftrag der Schule im Sinne einer Tradierung von Werten und Normen von der älteren auf die jüngere Generation
- Hierarchieunterschiede in der Schule, ihr Fehlen macht es in der Erwachsenenbildung schwer, Teilnehmende, die sich daneben benehmen zu disziplinieren
- Schulpflicht – die Bildungsteilnahme in Schulen ist nicht freiwillig
- Bildungskanon aus verbindlichen Curricula in Schulen, der wenig schülerische Mitbestimmung erlaubt
- in der Erwachsenenbildung dominiert Anschlusslernen statt Neulernen, das Lernen setzt stärker an Vorwissen und individuellen Interessen der Lernenden
- Instrumentalisierung der Schule für gesellschaftliche Funktionen und Krisen (siehe PISA-Schock).

8.4 Erwachsenenbildung im Fokus

Lernen hört nicht mit dem Ende der Schulzeit – oder der Universitäts- oder Lehrzeit – auf. Im Rahmen von Fortbildungen oder (betrieblichen) Trainingsmaßnahmen lernen auch Erwachsene in den unterschiedlichsten Zusammenhängen und Lebensabschnitten. An dieser Stelle geht es nicht um betriebliche Angebote, die in der Regel stark fachlich orientiert sind. Wir wollen uns hier mit Fortbildung und Training beschäftigen, die außerhalb des Arbeitskontextes stattfinden.

Die Ursprünge der systematischen Erwachsenenbildung in Deutschland gehen auf das 19. Jahrhundert zurück, als die ersten Volksbildungsvereine entstanden. Zuvor boten sich dem Bürgertum erste Bildungsmöglichkeiten im Rahmen von Lese- und Literaturgesellschaften. Theorien zur Erwachsenenbildung wurden in Deutschland vor allem in den 1960er Jahren veröffentlicht, und besonders seit den 1970er Jahren ging es dabei in erster Linie um den Gedanken der Chancengleichheit und Liberalisierung (Olbrich, 2001). Seit dieser Zeit ist in Deutschland die individuelle Teilnahme an Bildungsmöglichkeiten gesetzlich geregelt.

Um das Lernen Erwachsener ranken sich bis heute zahlreiche Mythen (nach Faulstich & Zeuner, 1999, S. 37) wie zum Beispiel „Ein alter Hund lernt keine

Kunststückchen mehr" und „Lernfähigkeit ist eine Frage der Intelligenz". Die erfahrbare Realität widerspricht jedoch diesen – oft motivationshinderlichen – Alltagsannahmen vom Lernen Erwachsener: Erwachsene – auch ältere Erwachsene – können nicht nur noch lernen, sie wollen zunehmend lernen. Häufig besinnen Sie sich nach der Verrentung auf Wissenslücken, die sie nun schließen wollen. Oder sie wollen sich neue Bereiche erschließen, für die im Leben bislang keine Zeit geblieben ist.

Die Pädagogische Psychologie findet hier zahlreiche Anwendungsfelder – bei der Konzeption von Bildungsangeboten, aber auch in der Beratung und im Training von Lehrenden in der Erwachsenenbildung. Nicht zuletzt werden diese Bildungsangebote in der Regel von den Lernenden selbst finanziert (auch wenn diese in einigen Bereichen staatlich gefördert werden). Lernende sind also nicht nur Schülerinnen und Schüler, sie sind „Kunden" oder „Klienten", die ihre eigenen Erwartungen mitbringen. Und schließlich kommt dem Lernen im Erwachsenenalter auch eine soziale Aufgabe zu – man trifft sich mit Gleichgesinnten, schließt vielleicht neue Freundschaften – häufig in einem Lebensabschnitt, in dem die Berufstätigkeit beendet ist und andere soziale Gefüge möglicherweise fehlen.

Erwachsenenbildung findet im Kontext unterschiedlicher Lernfelder und Lernwelten statt. Nachstehend ist eine Auswahl von ihnen im Überblick dargestellt:

- **Selbstbestimmtes Lernen und Lernvermitteln**: Lernen geschieht intentional, entlang selbstgewählter Themenfelder und durch eigenständig verfolgte Methoden.
- **Lernen in Institutionen**: Institutionen der Erwachsenenbildung sind z.B. Lernzentren, Volkshochschulen, aber auch Universitäten.
- **Lernen mit Medien**: Unterschiedliche Medien können genutzt werden und haben jeweils unterschiedliche Wirkung auf die Lernenden; dazu muss Medienkompetenz erworben werden.
- **Berufliches Lernen**: Erwachsene lernen beruflich im Rahmen von Aus-, Weiter- und Fortbildungen und im Rahmen sogenannter Qualitätszirkel (arbeitsproblembezogene Treffen von Praktikern zur Qualitätsverbesserung ohne externe Anleitung).
- **Lernen im Lebenszusammenhang**: Lernen kann auch eingebettet sein in Kulturarbeit – bei der das Lernen nicht notwendigerweise im Vordergrund stehen muss – sowie in Stadtteilarbeit oder im Gemeinwesen.
- Erwachsenenbildung findet im Rahmen unterschiedlicher **Trägerschaften** statt: Volkshochschulen, Familienbildungsstätten, gewerkschaftliche und kirchliche Einrichtungen – um nur einige zu nennen.

Der Bereich der Erwachsenenbildung ist zunehmend diversifiziert und entwickelt sich ständig weiter. Neben den formalen, an Institutionen gebundenen Formen der Bildung entstehen dabei mehr und mehr neue Formen der Schaffung von Lernmöglichkeiten, vor allem im Bereich des selbstorganisierten Lernens. Gleichzeitig geht staatliche Förderung zurück. Die Tätigkeit in der Erwachsenenbildung ist daher zunehmend eine freiberufliche und nicht an Institutionen gebundene. Folgende aktuelle Trends in der Erwachsenenbildung lassen sich gegenwärtig identifizieren:

- **Bildungspolitisch**: Marktorientierung, Deregulierung, Verringerung staatlicher Förderung
- **Bildungsplanerisch**: Aufbau regionaler und lokaler Netzwerke und Supportstrukturen
- **Lernorte**: Aufwertung außerinstitutionellen Lernens
- **Didaktisch**: Kompetenzentwicklung statt fachlicher Qualifizierung

8.5 Lernen im höheren Lebensalter

Die Vorstellung vom „höheren Lebensalter" bringt zahlreiche Herausforderungen mit sich – zuallererst einmal die Frage, wann dieser Lebensabschnitt beginnt. In Studien zur Beteiligung an der Erwachsenenbildung ist von „über 50 Jahre" (Resch & Höglinger, 2010) oder „über 55 Jahre" (Iller & Wienberg, 2010) die Rede. Es finden sich aber auch Untersuchungen von Lernenden „über 70 Jahre" (Iller & Wienberg, 2010). Ausgangspunkt ist dafür die Beobachtung, dass ab diesem Alter – welche Grenze auch immer gewählt wird – die Teilnahme an Weiterbildungen abnimmt. Die Frage ist aber nicht beantwortet, ob sich diese Erwachsenen von den Angeboten nicht angesprochen fühlen, ob sie sich eine Teilnahme nicht zutrauen, oder ob Bildung für sie nicht mehr im gleichen Umfang interessant ist.

Grundsätzlich lässt sich Alter nicht mehr mit „Ruhestand" gleichsetzen, jedoch findet sich bei älteren Erwachsenen eine größere Bandbreite körperlicher und geistiger Fähigkeiten als z.B. im mittleren Lebensalter. Mit fortschreitendem Alter wird es für die Lernenden wichtiger, vorhandene Fähigkeiten zu erhalten als neue Fähigkeiten hinzuzulernen (Kolland & Ahmadi, 2010). Gleichzeitig kann es aber auch darum gehen, mit neuen Anforderungen umzugehen – z.B. der zunehmenden Technisierung des Haushalts. Und mehr noch als in jüngeren Jahren ist die soziale Einbeziehung – unter anderem in Bildung im weitesten Sinne – eine Form präventiver Gesundheitspolitik (Kolland & Ahmadi, 2010).

Ältere Erwachsene haben ein Interesse daran, ihre Rentenzeit aktiv und sinnvoll zu gestalten (Resch & Höglinger, 2010), allerdings wird häufig angenommen, dass sie im Rahmen existierender Bildungsangebote systematisch benachteiligt sind; und so sind vielerorts bereits spezielle Bildungsangebote entstanden. Eine umfangreiche Metaanalyse hat zwar gezeigt, dass sich die Lernfähigkeit mit zunehmendem Alter verändert, sie nimmt aber nicht zwangsläufig ab (Iller & Wienberg, 2010). Es wäre nicht angemessen, per se eine besondere Hilfsbedürftigkeit anzunehmen – vielmehr gilt auch hier, sich auf die Heterogenität einzustellen und die individuellen Bildungsangebote darauf abzustellen.

Bereits in der Planung von Bildungsangeboten sollten Lernmaterialien dahin gehend überprüft werden, ob sie für Teilnehmende mit einem breiten Spektrum an Möglichkeiten und Bedürfnissen geeignet sind. Lernen ist immer erfolgreicher, wenn es sich an den Erfahrungen der Lernenden orientiert – und diese können sehr unterschiedlich sein. Insofern ist das Alter – neben der Nationalität und dem kulturellen Hintergrund – nur eine der zu berücksichtigenden Komponenten des Lebenskontexts, in dem Lernende aktiv ihre Entwicklungsaufgaben bewältigen.

8.6 Zusammenfassung und weiterführende Literatur

Entwicklung als Handeln Lernender in Auseinandersetzung mit ihren kontextuellen Bedingungen zu beschreiben, fordert auch, das Alter der Lernenden in den Blick zu nehmen. Lernen beschränkt sich nicht auf die Schule – und Pädagogische Psychologie ist somit mehr als nur Schulpsychologie. Lernende bringen zu allen Lebenszeitpunkten Vorwissen aus bisherigen Lernerfahrungen mit und planen ihre Lernaktivitäten an der Zukunft ausgerichtet. In den letzten Jahren sind die frühkindliche Bildung und die Erwachsenenbildung verstärkt in die Wahrnehmung der Pädagogischen Psychologie gerückt. Für Absolventen tun sich hier vielfältige Arbeitsmöglichkeiten auf, die in den nächsten Abschnitten genauer erläutert werden sollen.

📖 **Literaturempfehlungen:**

Malte Mienert und Heidi Vorholz (2007) geben einen Überblick über die Anforderungen an frühkindliche Bildung heute.

Wer sich mit den Anforderungen an moderne Erwachsenenbildung näher beschäftigen will, kommt um die Einführung von Peter Faulstich und Christine Zeuner (2008) nicht herum.

Gute, nicht-klinisch orientierte Werke zur Psychologie des höheren Lebensalters sind noch immer knapp. Eine der wenigen Ausnahmen ist hier das Buch von Ursula Lehr (2006).

9 Lebenswelten von Lernenden – Anwendungsfelder der Pädagogischen Psychologie

9.1 Beruf: Pädagogischer Psychologe

Die Deutsche Gesellschaft für Psychologie (DGPs) (2001) beschreibt das Tätigkeitsfeld der Pädagogischen Psychologie wie folgt:
„Häufig handelt es sich um eine forschende und entwickelnde Tätigkeit, bei der es um die Vermittlung von Wissen, Bildung und Erziehung geht. Aufgabe von pädagogischen Psychologen kann z.B. die Entwicklung und Erprobung neuer Unterrichtskonzepte sein, aber auch die Vermittlung neuer Unterrichts- und Erziehungsformen an Eltern und Lehrer.

Eine besondere Stellung nehmen dabei Schulpsychologen und Schulpsychologinnen ein. Sein [sic] Zuständigkeitsbereich erstreckt sich in der Regel auf ganze Schulbezirke, in denen er u.a. für die Erstellung von Gutachten zur Schullaufbahnberatung, Entscheidungen über eine Sonderbeschulung sowie die Durchführung von Seminaren und Schulungen für Lehrer zuständig ist. Neben dem schulpsychologischen Dienst bieten pädagogische Psychologen Kindern und Jugendlichen auch Hilfestellungen in Beratungsstellen, Kinder- und Jugendheimen und andere soziale Einrichtungen an.

Darüber hinaus stellt auch die Erwachsenenbildung ein interessantes Tätigkeitsfeld dar. Dazu gehören neben dem Beratungssektor (Erziehungs-, Bildungs-, Familien-, Schullaufbahn-, Studien- und Berufsberatung) auch Weiterbildungen zu verschiedensten Themengebieten. Diese werden auch zunehmend in privaten Institutionen nachgefragt (z.B. in Instituten für Lernförderung)."

In allen aufgeführten Bereichen kann darüber hinaus pädagogisch-psychologische Diagnostik zur Anwendung kommen. Nachstehend gehen wir auf die wesentlichen Anwendungsfelder im Detail ein.

9.2 Pädagogisch-psychologische Diagnostik

9.2.1 Grundlagen der pädagogisch-psychologischen Diagnostik

Die Diagnostik gehört zweifelsohne zu den wichtigsten Arbeitsgebieten von Pädagogischen Psychologinnen und Psychologen. Sie sind aufgefordert, mit wissenschaftlich fundierten Methoden Einschätzungen über Merkmale bei Menschen zu treffen. Diese Einschätzungen haben häufig langfristige Konsequenzen für das Leben der Beurteilten und sind daher mit aller gebotener Vorsicht und Gründlichkeit zu treffen. Wir werden im Folgenden Grundzüge der Spezifik pädagogisch-psychologischer Diagnostik erläutern. Es kann sich dabei jedoch nur um eine knappe Einführung in dieses umfassende Themengebiet handeln.

Worum handelt es sich bei Psychologischer Diagnostik? Das Wort Diagnostik leitet sich vom griechischen „diagignostikein" ab und bedeutet, etwas gründlich kennenzulernen, zu entscheiden, zu beschließen.

> Die psychologische Diagnostik ist ein System von Regeln, Anleitungen und Algorithmen zur Bereitstellung von Instrumenten, mit deren Hilfe psychologisch relevante Charakteristika von Merkmalsträgern ermittelt, erhobene Daten zu einem diagnostischen Urteil integriert und Entscheidungen sowie Prognosen und deren Evaluation vorbereitet werden.

Die diagnostische Urteilsbildung erfolgt in einem Dreischritt: Spezifische Instrumente dienen der Erfassung spezifischer Merkmale, die dann beurteilt werden. Die Diagnostik im engeren Sinne ist hiermit abgeschlossen. Häufig werden jedoch noch Entscheidungen angefügt, und es kann sich eine Evaluation der getroffenen Entscheidung anschließen.

Die Ziele der Psychologischen Diagnostik sind vielschichtig. Sie kann der Vorbereitung von Interventionen bzw. Therapien dienen, sie kann Beratungsprozesse fundieren, Ist-Soll-Vergleiche ermöglichen und Prozesse begleiten sowie den aktuellen Status eines Merkmals oder Merkmalskombinationen bei einem Menschen bestimmen. Die pädagogisch-psychologische Diagnostik befasst sich spezifisch mit der Befassung und Bewertung von Informationen, die zu einer möglichst akkuraten Einschätzung der aktuellen Personenmerkmale oder der aktuellen Ausprägung einer pädagogisch relevanten Entwicklungsumwelt führen und zu einer besseren Prognose in pädagogisch relevanten Problemfeldern beitragen. Tabelle 17 stellt unterschiedliche psychologische Verfahren in der Übersicht dar.

Tabelle 17   Gruppen von Daten in der Diagnostik

L-Daten (Life-Daten)	Q-Daten (Questionnaire-Daten)	T-Daten (Test-Daten)
• Verhaltensbeobachtungen • halbstandardisierte Methoden der Fremdbeurteilung (Checklisten) • Selbstbeobachtung • projektive Verfahren	• standardisierte Persönlichkeitsfragebögen • nicht-standardisierte psychologisch-diagnostische Gespräche (Exploration)	• standardisierte Leistungstests • Intelligenztests • Kreativitätstests • Konzentrationstests

Nicht alle Tests erweisen sich zur Beurteilung entsprechend der diagnostischen Ziele als geeignet. Die Auswahl von Tests erfolgt anhand ihrer Gütekriterien, die gegeneinander abzuwiegen sind. Wichtigste Gütekriterien von Tests sind dabei:

- **Die Objektivität**: Ist ein Test testleiterunabhängig, verrechnungssicher und eindeutig in seiner Interpretation?
- **Die Reliabilität**: Wie ist die methodische und statistische Zuverlässigkeit eines Tests, ist die formale Exaktheit und Präzision der Merkmalserfassung gegeben?
- **Die Validität**: Ist der Test für das gewählte Merkmal inhaltlich gültig, misst er also auch wirklich genau das, was er messen soll? Inhaltliche Gültigkeit kann dabei per Augenschein (face-validity), anhand des Konstrukts und anhand seiner Kriterien überprüft werden.

Weitere Kriterien, nach denen ein geeignetes Verfahren aus der Vielzahl existierender psychodiagnostischer Verfahren ausgewählt werden kann, sind seine Skalierung und die Aktualität der Normierung, die Testökonomie, die Nützlichkeit des Tests, Zumutbarkeit, Unverfälschbarkeit, die Fairness des Tests und seine Robustheit.

9.2.2 Die Bedeutung von Normen in der Psychodiagnostik

Eine Arbeit mit psychologischen Testverfahren kann ohne die Kenntnis von Testnormen nicht sinnvoll erfolgen. Hinter dem Begriff der „Norm" steckt dabei die Überlegung, an welchen Kriterien der Vergleich der individuellen Merkmalsausprägung erfolgen soll. Der Vergleich mit einem Maßstab ist die Grundlage jedweder Messung, und Normen stellen einen solchen Maßstab dar. Im pädagogischen Alltag (und damit in der Pädagogisch-psychologischen Diagnostik) spielen drei Arten von diagnostischen Maßstäben eine herausragende Rolle:

- **Normorientierte Diagnostik**: Im Wort „Norm" ist das Wort „normal" bereits angedeutet. Grundlage der Beurteilung des einzelnen Lernenden ist hier die *Soziale Bezugsnorm*, das heißt der Mittelwert der Bezugsgruppe (als Referenzpopulation). Diese wird in Vergleichsstudien an großen Populationen statistisch bestimmt. Für das Individuum wird seine Abweichung vom Gesamtmittelwert der Bezugsgruppe festgestellt.
- **Kriteriumsorientierte Diagnostik**: Ihr liegt eine *Sachliche Bezugsnorm* zugrunde. Unabhängig von der Verteilung des Merkmals in der Population wird ein Lernziel als Kriterium festgelegt. Bestimmt wird der Abstand zum zu erreichenden Lernziel. Die Kriteriumsorientierte Diagnostik bildet nach Festlegung der Kultusministerkonferenz die Grundlage schulischer Leistungsbewertung.
- **Individuell orientierte Diagnostik**: Hier dient die *Individuelle Bezugsnorm* als Beurteilungskriterium. Festgestellt wird das Ausmaß individueller Verbesserungen oder Verschlechterungen beim Einzelnen.

Die normorientierte und die individuell orientierte Diagnostik beruhen auf sogenannten Realnormen, da sie aus der empirischen Realität gewonnen sind. Die kriteriumsorientierte Diagnostik setzt an Idealnormen an, die sich aus der Sache selbst ergeben oder willkürlich festgelegt sein können. Keine dieser Normen funktioniert für sich allein perfekt. So ermöglicht die Orientierung an der sozialen Norm zwar ein klasseninternes Bezugssystem, aber in ihr fehlen häufig Rückmeldungen des individuellen Lernzuwachses. Die sachliche Normsetzung informiert nur über die jeweils umschriebenen Fertigkeiten und Kenntnisse. Der Vergleich mit anderen Schülern fehlt hier häufig, ein individueller Lernfortschritt wird nicht ersichtlich, da nur Erreichen oder Nichterreichen zählen. Ein klarer Zusammenhang zwischen Anstrengung und Leistungsresultat ist bei individueller Bezugsnormsetzung erkennbar. Dieser sichtbare Lernzuwachs ermöglicht eine optimistische Sicht auf Leistungsentwicklung und Leistungspotential, was zu einem höheren Selbstkonzept eigener Fähigkeiten, höhere Mitarbeitsfrequenz, Spaß und hoher Motivation führen kann. Aber Leistungsunterschiede zwischen Schülern werden hier ausgeblendet.

Zentrale Felder pädagogisch-psychologischer Diagnostik finden sich an den Übergängen der unterschiedlichen Phasen der **Schulbildung**, wobei sich jeweils spezifische Fragen stellen:

- **Schuleintritt:** ist das Kind schulfähig, oder sollte es zurückgestellt werden?
- **Sonderschulüberweisung:** Förderdiagnostik bei „Schulversagen"
- **Übertritt in weiterführende Schulen:** weiterführende Bildungsempfehlungen
- **Übertritt in tertiären Bildungsbereich:** Studieneignung, Passung Person-Studienwunsch
- **Individuelle Schülerhilfe:** benötigte und aufgewendete Lernzeit, Instruktionsverständnis, Unterrichtsqualität, Unterrichtsklima.

9.3 Pädagogisch-psychologische Intervention in der Schule

Die Schulpsychologie ist das wohl immer noch bedeutendste Anwendungsfeld der Pädagogischen Psychologie. Neben den in den vorherigen Abschnitten beschriebenen Anwendungen pägogisch-psychologischer Diagnostik gehört die Planung und Durchführung von Trainings- und Fördermaßnahmen zu den wichtigsten Aufgabengebieten in der Schulpsychologie. Diese werden dem Überbegriff Treatment zugeordnet:

> Der Begriff „Intervention" (Treatment) bezeichnet jeden gezielten und direkten Eingriff durch psychologisch fundierte therapeutische oder pädagogische Maßnahmen mit Veränderungsabsicht.

Interventionsstrategien umschreiben Handlungsanweisungen z. B. für Lehrer oder Eltern, wie sie auf Schüler oder Kinder einwirken sollen, um Verhaltensänderungen in der gewünschten Richtung herbeizuführen. Pädagogisch-psychologische Interventionen werden wie folgt systematisiert (Perrez & Ermerth, 1999, S. 160):

> „Unter pädagogisch-psychologischen Interventionen werden entwicklungsoptimierende, präventive, adaptive (krisenbegleitende), remediale (Psychotherapie flankierende) und stabilisierende Interventionen verstanden, die sich an die erziehungsrelevante Umwelt und die Edukanten selbst richten."

Die Alltagsdiagnose „Lernschwierigkeiten" gehört neben den Alltagsdiagnosen „Verhaltensauffälligkeiten" und „Konzentrationsprobleme" zu den wichtigsten Anlässen einer Konsultation von Schulpsychologen. Auf erstere werden wir hier einen kurzen Blick werfen können. Lernschwierigkeiten können eine Fülle möglicher Ursachen haben, und in der Regel wird sich hierbei eine Kombination von Ursachen finden. Entsprechend der individuellen Situation bietet sich demnach eine Reihe unterschiedlicher Interventionsstrategien an:

- **Unzureichende Lernzeit**: Stand dem Schüler objektiv genug Zeit zur Verfügung, das entsprechende Wissen zu erwerben? Lernzielkontrollen können hilfreich sein, um solche Lücken zu identifizieren.
- **Unzureichende aufgewendete Lernzeit**: Scheint es, dass der Schüler nicht genügend Lernzeit investiert, kann Motivationsdiagnostik angezeigt sein.
- **Fehlendes Instruktionsverständnis**: Wenn der Schüler Instruktionen nicht zu verstehen scheint, kommen spezifische Anweisungs- und Sprachverständnistests zur Anwendung.
- **Unterrichtsmerkmale**: Es kann am Unterricht selbst liegen, wenn Schüler Schwierigkeiten haben. Hierunter fallen z.B. der Umgang mit Vorkenntnislücken, Lernzeit, Lernzielorientierung, Kontrolle der Lernaktivität, Überwachung des Lernfortschritts, präzise Aufgabenstellungen, Hilfestellung.
- **Unterrichtsklima**: Ein starker Wettbewerb kann Schüler systematisch benachteiligen, wohingegen ein Klima von Kooperation gezielt durch die Lehrkraft unterstützt werden kann.
- **Soziale Stellung**: Die Beliebtheit (oder Unbeliebtheit) eines Schülers kann sich auf die Schulleistung auswirken. Hier kann ebenfalls Einfluss ausgeübt werden – möglicherweise benötigt die Lehrkraft hierbei gezielte Unterstützung.
- **Familiäre Ursachen**: Der häusliche Erziehungsstil oder das Familienklima können sich ebenfalls auf die Schulleistung auswirken. Interventionsmaßnahmen sollten sowohl die Schule als auch die Familie einbeziehen.

9.4 Fortbildung und Trainingsmaßnahmen

Mit der Entstehung der Vorstellung von Lebenslangem Lernen und Lebenslanger Entwicklung hat sich der Pädagogischen Psychologie zunehmend der Bereich von Fortbildung und Training erschlossen. Während inzwischen vereinzelt Ausbildungen zum „Trainer für Erwachsenenbildung" angeboten werden (z.B. in Österreich), ist dieser Bereich in Deutschland noch weitgehend unstrukturiert. Fortbildung und Training sind inhaltlich in der Regel an der

Berufstätigkeit der Lernenden direkt orientiert. Neben im engeren Sinne fachlichen Inhalten kann es dabei jedoch auch um Kompetenzen wie Teamfähigkeit, Führungsverhalten, Selbstpräsentation und interkulturelle Kompetenz gehen. Diese Form von Weiterbildung wird häufig über Kammern angeboten oder ist kommunal verankert. Allerdings gibt es auch eine Vielzahl von Trainern, die unabhängig arbeiten und Angebote unterbreiten.

Vom Trainer wird erwartet, den Nutzen und die Effizienz der Trainingsbausteine und Trainingsinhalte belegen zu können. Trainer arbeiten in den allermeisten Fällen freiberuflich – sie müssen nicht nur ihre eigenen Kompetenzen vermarkten können, sondern auch die Inhalte ihrer Angebote. Während es in der Vergangenheit durchaus vorkam, dass Unternehmen in Team-Events zum Selbstzweck investiert haben, steht im Zuge der Rezession zunehmend weniger Geld zur Verfügung – und es wird verstärkt auf das Kosten-Nutzen-Verhältnis Wert gelegt. Im Gegenzug investiert der Einzelne unter Umständen mehr in Bildung, um die Chancen auf dem Arbeitsmarkt zu erhöhen. Jedoch sind hier die finanziellen Mittel beschränkt.

Trainer können einerseits im Rahmen betrieblicher Fortbildung in Unternehmen tätig sein oder ihre Angebote in Unternehmen realisieren. Andererseits können sie auch als Unternehmensberater oder Organisationsberater die Unternehmen selbst beraten – z.B. in Personalführung oder im Rahmen betrieblicher Reorganisation. Während große Unternehmen und Konzerne ihre eigenen Trainer beschäftigen, greifen vor allem kleinere und mittlere Unternehmen auf externe Berater zurück – sofern ein Beratungsbedarf erkannt ist.

Organisationsentwicklung hingegen ist häufig ein größeres Projekt und wird selten von einzelnen Trainern begleitet. Allerdings bieten sich gerade hier Chancen für die Pädagogische Psychologie: die Auswahl von Mitarbeitern oder Gruppen von Mitarbeitern, z.B. auf der Grundlage von Fähigkeiten und Fertigkeiten (Diagnostik, Selektion); die Abstimmung von individuellen Voraussetzungen auf die Bedürfnisse oder Ziele von Unternehmen (Prognose); und schließlich die Begleitung des Veränderungsprozesses und gegebenenfalls die Veränderung von Strategien (Evaluation). Dabei geht es nicht nur um Individuen, sondern um Gruppen, die ausgewählt oder geschult werden müssen.

Ein relativ neues Betätigungsfeld im Bereich von beruflichem Training ist das „Training (die Aus- und Weiterbildung) von Trainern" im Bereich von Erwachsenenbildung. Dieses Feld ist nicht reguliert – es findet sich eine Vielzahl an Angeboten von ganz unterschiedlichen Anbietern, unterschiedlicher Intensität und Qualität. Im Grundsatz geht es dabei darum, das Methodenrepertoire zu erweitern und auf die Zielgruppe – Erwachsene in Arbeitskontexten im weitesten Sinne – abzustellen. Diese Angebote richten sich einerseits an Unternehmen – an die dort tätigen Trainerinnen und Trainer. Jedoch ist hier auch die steigende Zahl freiberuflicher Trainer angesprochen – als Lehrende und als Lernende gleichermaßen.

9.5 Beratung

Dieser Abschnitt geht der Frage nach, wie sich das Konzept „Beratung" in das lebenslange Lernen einfügt. Zunächst stellt sich dabei die Frage: Was ist eigentlich Beratung? Alltagssprachlich ist mit dem Begriff eine Art Hilfestellung gemeint – jemandem Ratschläge erteilen.

> Wissenschaftlich gesehen ist Beratung (im engeren Sinne) eine Interaktionsform, die dem Wissenstransfer dient (Pohlmann & Zillmann, 2006). Definiert wird sie als Sonderform der sozialen Interaktion mit mindestens zwei Personen (oder Institutionen) und mit dem Ziel der Hilfe für eine der beiden Parteien. Ein problematisch erlebter Zustand soll geklärt und Entscheidungsunsicherheit reduziert werden.

Beratung kann in direkter Interaktion erfolgen, aber auch mithilfe einer Reihe von Medien – telefonisch, schriftlich, via Email oder als Videokonferenz. Beratung ist dabei als Hilfe zur Selbsthilfe konzipiert. Die Interaktionsform „Beratung" beruht auf der Freiwilligkeit des Sich-Einlassens auf diese Interaktion sowie auf der Freiheit, das Wissen (den „Rat") anzunehmen oder abzulehnen. Insofern unterscheidet sich Beratung grundsätzlich von herkömmlicher pädagogischer Tätigkeit.

Es gibt inzwischen eine ganze Fülle von Beratungsformen – Berufsberatung, Familienberatung, Lebensberatung, Psychologische Beratung, Rechtsberatung, Konfliktberatung, Studienberatung, Systemische Beratung etc. – dabei ist die Berufsbezeichnung „Berater" gesetzlich nicht geschützt. Neben der Beratung finden sich u. a. die Begriffe Intervention, Coaching, Supervision. In der Praxis sind diese nicht immer trennscharf, sie lassen sich jedoch konzeptionell wie folgt unterscheiden:

- **Beratung**: Zustandsklärung, Reduktion aktueller Entscheidungsunsicherheit, Informationsvermittlung und Hilfe zur Realisierung
- **Intervention**: aktiver Eingriff in das Geschehen, Beseitigung unerwünschter Phänomene, auf der Grundlage eines spezifischen Störungsverständnisses

- **Coaching**: spezifische Beratung, insbesondere im beruflichen Umfeld und bei Führungskräften, Prozessbegleitung, Ergebnisoptimierung; Förderung der Selbstreflexion sowie der selbstgesteuerten Verbesserung der Wahrnehmung (Coaching im engeren Sinne versteht sich als Coaching von Führungskräften)
- **Supervision**: Überbegriff über verschiedene Beratungsformate, (berufs-)begleitende Reflexion von Erfahrungen, Fragestellungen und Konflikten der beruflichen Arbeit, Gruppe als Unterstützung für Kollegen.

9.6 Familienbildung

Die Familienbildung gehört zu den Arbeitsfeldern Pädagogischer Psychologinnen und Psychologen, die bisher in der öffentlichen wie fachlichen Wahrnehmung eine eher untergeordnete Rolle spielen. Gerade in ihr sind jedoch ausgebildete Fachkräfte dringend gesucht. Ziel der Familienbildung ist es, Einzelne und Familien in ihrer Erziehungskompetenz zu stärken und sie im Familienzyklus unterstützend zu begleiten. Familienbildung ist keine Familientherapie, sie richtet sich in ihren Angeboten an alle Familien, nicht nur an sogenannte „Problemfamilien". Arbeitsgrundlage für die Familienbildung ist der § 16 im Kinder- und Jugendhilfegesetz KJHG. Er beschreibt unter der Überschrift „Allgemeine Förderung der Erziehung in den Familien", dass Müttern, Vätern, anderen Erziehungsberechtigten und jungen Menschen Leistungen der allgemeinen Förderung der Erziehung in der Familie angeboten werden sollen. Diese sollen dazu beitragen, dass Mütter, Väter und andere Erziehungsberechtigte ihre Erziehungsverantwortung besser wahrnehmen können.

Textor (2006, siehe auch www.familienbildung.info) hat das System der Familienbildung im Überblick dargestellt. Er unterscheidet dabei unterschiedliche Arten von Familienbildungsangeboten (Ehevorbereitungskurse, Ehebildung, Elternbildung und Familienbildung i.e.S.), Formen von Familienbildung (institutionell in Familienbildungsstätten, Volkshochschulen, informell durch Erfahrungsaustausch und Selbsthilfe, medial über Fernsehen, Internet) sowie unterschiedliche Ansatzpunkte (abgestimmt auf den Familienzyklus aus z.B. Partnerwahl, Erstelternschaft, „Leeres Nest"; orientiert an Familienfunktionen, z.B. bei Haushaltsführung, Beziehungsarbeit, Erziehung; orientiert an besonderen Lebenssituationen, z.B. Alleinerziehende, gleichgeschlechtliche Eltern; und besondere Familienbelastungen wie Übersiedlung und den Verlust von Angehörigen).

Des Weiteren benennt er unterschiedliche Anbieter von Familienbildungsangeboten (z.B. Familienbildungsstätten, Volkshochschulen, Bildungswerke,

Kirchengemeinden, Kindertagesstätten, Schulen, Familienselbsthilfe, Verbände, Vereine), verschiedene Angebotsformen (z. B. Vorträge, Kurse, Seminare, Gesprächskreise, Eltern-Kind-Gruppen, Elternarbeit, Elternabende, Beratung, Eltern-Kind-Aktivitäten), und er differenziert Methoden in der Familienbildung (z. B. Referat, Diskussion, Kleingruppenarbeit, Spiel, Rollenspiel, praktische Übungen, Entspannung, Sport, Gymnastik, praktische Tätigkeiten).

In der Praxis gelingen Familienbildungsangebote immer dann am besten, wenn die folgenden Aspekte berücksichtigt werden:

- Orientierung an den Bedürfnissen der Familien in Angeboten, Inhalten, Organisation, Zielen
- Wissensvermittlung und auch Angebote der Ressourcenstärkung
- Blick auf die Eltern- wie auch auf die Partnerrolle
- Anerkennung neuer Familienrealitäten
- Prävention statt Intervention.

Die Familienbildung stellt ein wichtiges Arbeitsgebiet für Bachelorabsolventen Pädagogischer Psychologie dar. Verschwiegen werden sollen jedoch nicht die Probleme, mit denen das System Familienbildung nach wie vor zu kämpfen hat und denen es sich stellen muss: erreicht werden durch ihre Angebote bisher überwiegend Frauen der Mittelschicht. Insgesamt ist die Familienbildung schlecht finanziell ausgestattet, es arbeiten in ihr wenige Hauptamtliche, stattdessen finden sich viele Laien und Honorarkräfte. Zu beobachten ist ein geringer Organisationsgrad von Anbietern auf Landes- und Bundesebene (Machtlosigkeit). Bisher gibt es wenig systematische Ausbildung der Mitarbeiter der Familienbildung, und viel Energie geht in Organisation und Nebensträngen der Familienbildung verloren.

9.7 Zusammenfassung und weiterführende Literatur

Die Lebenswelten von Lernenden sind gleichzeitig auch die wichtigsten Arbeitsgebiete von Pädagogischen Psychologen – neben der hier nicht ausgeführten Arbeit in wissenschaftlichen Einrichtungen in Forschung und Lehre. In Lehrsituationen die psychologische Seite der Lernenden darzulegen und zu berücksichtigen, beschreibt eine der zentralen Stärken Pädagogischer Psychologen. Die Hauptarbeitsfelder von ihnen lassen sich mit den Stichworten Diagnostik und Intervention zusammenfassen. Beide gehen häufig miteinander einher und stimmen sich aufeinander ab.

📖 Literaturempfehlungen:

Manfred Amelang und Lothar Schmidt-Atzert (2006) geben eine sehr detaillierte Einführung in das Gesamtgebiet der Psychologischen Diagnostik. Helmut Lukesch (1998) führt insbesondere die pädagogisch-psychologische Diagnostik genauer aus.

Im Handbuch Schulpsychologie von Thomas Fleischer, Norbert Grewe, Bernd Jötten, Klaus Seifried und Bernhard Sieland (2007) sind die wichtigsten Anforderungen und Aufgaben der psychologischen Arbeit in Schulen dargestellt.

Erwachsenenbildung muss nicht langweilig sein: Bernd Weidenmann (2008) hat praktische und alltagsnahe Methoden für lebendige Seminare zusammengestellt.

Susanne Nußbeck (2006) führt in die Beratungspsychologie ein.

Der Deutsche Familienverband (1999) hat ein Handbuch zur Elternbildung herausgegeben, in dem sehr viele Ansätze und Methoden für die Familienbildung zusammengetragen sind.

10 Literaturverzeichnis

Ahnert, L. (Hrsg.).(2008). Frühe Bindung. Entstehung und Entwicklung. München: Ernst Reinhardt.
Ainsworth, M. D. S. (1968). Object relations, dependency, and attachment: A theoretical review of the infant mother relationship. Child Development, 40, 969–1025.
Alloway, T., Wilson, G., Graham, J. & Krames, L. (2000). Sniffy – the virtual rat. Belmont CA: Wadsworth/Thomson Learning.
Amelang, M. & Schmidt-Atzert, L. (2006). Psychologische Diagnostik und Intervention (4. Aufl.). Berlin: Springer.
Amelang, M. (1990). Differentielle Psychologie und Persönlichkeitsforschung (3. Aufl.). Stuttgart: Kohlhammer.
Ames, C. & Archer, J. (1988). Achievement goals in the classroom: Students' learning strategies and motivational processes. Journal of Educational Psychology, 80, 260–267.
Anderson, H. M. (1954). A study of certain criteria of teaching effectiveness. Journal of Experimental Education, 23, 47–71.
Anderson, J. R. (1983). The architecture of cognition. Cambridge, MA: Harvard University Press.
Anderson, M. (1992). Intelligence and development: A cognitive theory. Oxford: Blackwell.
Arlin, P. K. (1975). Cognitive development in adulthood: A fifth stage?. Developmental Psychology, 11, 602–606.
Asendorpf, J. (2009). Persönlichkeitspsychologie. Heidelberg: Springer Medizin.
Ausubel, D. (1963). The Psychology of Meaningful Verbal Learning. New York: Grune & Stratton. Baltes, P. B. (1990). Entwicklungspsychologie der Lebensspanne: Theoretische Leitsätze. Psychologische Rundschau, 41, 1–24.
Baltes, P. B. (1990). Entwicklungspsychologie der Lebensspanne: Theoretische Leitsätze. Psychologische Rundschau, 41, 1–24.
Basseches, M. (1984). Dialectical thinking and adult development. Norwood, N.J, Ablex Pub. Corp.
Baumert, J., Köller, O. & Schnabel, K. (2000). Schulformen als differentielle Entwicklungsmilieus – eine ungehörige Fragestellung? In Gewerkschaft Erziehung und Wissenschaft GEW (Hrsg.), Messung sozialer Motivation. Eine Kontroverse. Schriftenreihe des Bildungs- und Förderungswerks der GEW, Band 14. Frankfurt am Main: Bildungs- und Förderungswerks der GEW.
Billhardt, J. (1996). Hochbegabte – Die verkannte Minderheit. Eibelstadt: Lexika-Verlag.
Bos, W., Hornberg, S., Arnold, K.-H., Faust, G., Fried, L., Lankes, E.-M., Schwippert, K. & Valtin, R. (Hrsg.).(2007). IGLU 2006. Lesekompetenzen von Grundschulkindern in Deutschland im internationalen Vergleich. Münster: Waxmann.
Bowlby, J. (1972). Mutterliebe und kindliche Entwicklung. München: Ernst Reinhardt.

Brand, G. (2001). Hochbegabte und hochleistende Jugendliche. Anmerkungen zum Marburger Hochbegabtenprojekt. Labyrinth, 24(69), 10–15.
Braun, C. (1976). Teacher expectation: Sociopsychological dynamics. Review of Educational Research, 46, 185.
Brezinka, W. (1974). Grundbegriffe der Erziehungswissenschaft. München, Ernst Reinhardt.
Bromme, R. (1992). Der Lehrer als Experte: Zur Psychologie des professionellen Wissens. Bern: Huber.
Bronfenbrenner, U. (1981). Die Ökologie der menschlichen Entwicklung. Stuttgart: Klett Cotta.
Brophy, J. E. & Good, T. L. (1976). Die Lehrer-Schüler-Interaktion. München: Urban & Schwarzenberg.
Brunstein, J. C., Dargel, A., Glaser, C., Schmitt, C. H. & Spörer, N. (2008). Persönliche Ziele im Studium: Erprobung einer Intervention zur Steigerung der Zieleffektivität und Zufriedenheit im Studium. Zeitschrift für Pädagogische Psychologie, 22, 177–191.
Bultmann, T. (1999). Die Eliten und die Massen. Kritik eines bildungspolitischen Stereotyps. Hochschule Ost, 3–4.
Bund Länder Kommission für Bildungsplanung und Forschungsförderung BLK (Hrsg.).(2004). Strategie für Lebenslanges Lernen in der Bundesrepublik Deutschland. Materialien zur Bildungsplanung und zur Forschungsförderung (Heft 115). Bonn: BLK.
Bundesjugendkuratorium (Hrsg.).(2005). Ausbildung für alle jungen Menschen – eine gesamtgesellschaftliche Aufgabe! Zu Bildungschancen junger Menschen angesichts der Reformen auf dem Arbeitsmarkt. Bonn: BJK.
Case, R. (1985). Intellectual development: Birth to adulthood. New York: Academic Press.
Case, R., Mund, H. A. & Holz, K. L. (1999). Die geistige Entwicklung des Menschen: Von der Geburt bis zum Erwachsenenalter. Heidelberg: Universitätsverlag Winter.
Chi, M. T. H., Glaser, R. & Farr, M. J. (Eds.).(1988). The nature of expertise. Hillsdale, NJ: Erlbaum.
Cohn, R. (2001). Es geht ums Anteilnehmen. Die Begründerin der TZI zur Persönlichkeitsentfaltung (3. Aufl.). Freiburg: Herder.
Comenius, J. A. (2007). Große Didaktik: Die vollständige Kunst, alle Menschen alles zu lehren (10. Aufl). Stuttgart: Klett-Cotta. (Original 1657).
Csikszentmihalyi, M. (1990). Flow: The psychology of optimal experience. New York: Harper Perennial.
Deutsche Gesellschaft für Psychologie (2001). Berufsfelder. Online Dokument. Verfügbar unter: http://www.dgps.de/studium/danach/berufsfelder.php [21.08.2010].
Deutscher Familienverband (Hrsg.).(1999). Handbuch Elternbildung. Opladen: Leske + Budrich.
Deutsches PISA-Konsortium (Hrsg.).(2002). PISA 2000 – Die Länder der Bundesrepublik Deutschland im Vergleich. Opladen: Leske + Budrich.
Dweck, C. S. (1986). Motivational processes affecting learning. American Psychologist, 41, 1040–1048.
Ellwein, T. (1985). Die deutsche Universität vom Mittelalter bis zur Gegenwart. Königstein: Taunus.
Ericsson, K. A. & Crutcher, R. J. (1990). The nature of exceptional performance. In P. B. Baltes, D. L. Featherman & R. M. Lerner (Eds.), Life-span development and behavior (pp. 187–217). Hilsdale, NJ:Erlbaum.
Ericsson, K. A., Krampe, R.Th. & Tesch-Römer, C. (1993). The Role of Deliberate Practice in the Acquisition of Expert Performance. Psychological Review, 100(3), 363–406.
Eysenck, H. J. (1996). Intelligenz-Test. Augsburg: Weltbild.
Faulstich, P. & Zeuner, Ch. (1999). Erwachsenenbildung – eine handlungsorientierte Einführung. Weinheim: Juventa.

Fend, H. (2005). Entwicklungspsychologie des Jugendalters. Ein Lehrbuch für pädagogische und psychologische Berufe (3. Aufl.). Stuttgart: UTB.
Fischer, K. W. (1980). A theory of cognitive development: the control and constitution of skills. Psychological Review, 87(6), 477–531.
Fitts, P. M., & Posner, M. I. (1967). Human performance. Belmont, CA: Brooks/Cole.
Flammer, A. (1996). Entwicklungstheorien. Psychologische Theorien der menschlichen Entwicklung. Bern: Huber.
Fleischer, T., Grewe, N., Jötten, B., Seifried, K. & Sieland, B. (2007). Handbuch Schulpsychologie: Psychologie für die Schule. Stuttgart: Kohlhammer.
Gardner, H. (1983). Frames of Mind: The theory of multiple intelligences. New York: Basic Books.
Giesen, H. & Kloft, C. (1991). Hätten Sie's gewusst? Eine Erwiderung auf Langfeldt. Psychologie in Erziehung und Unterricht, 38(2), 152–156.
Goswami, U. (2001). So denken Kinder. Bern: Huber.
Grossmann, K. E. (Hrsg.).(2003). Bindung und menschliche Entwicklung: John Bowlby, Mary Ainsworth und die Grundlagen der Bindungstheorie. Stuttgart: Klett Cotta.
Grün, L. (2007). Der Elternhasser – Die Antwort: Ein Lehrer schlägt zurück. Wien: Schick.
Gudjons, H. (2003). Frontalunterricht neu entdeckt. Integration in offene Unterrichtsformen. Bad Heilbrunn: Klinkhardt.
Hacke, A. (2004). Der weiße Neger Wumbaba (10. Aufl.). München: Antje Kunstmann.
Häcker, H.-O. & Stapf, K.-H. (Hrsg.).(2004). Dorsch, Psychologisches Wörterbuch. Bern: Hans Huber.
Harter, S. (1992). The relationship between perceived competence, affect, and motivational orientation within the classroom: Processes and patterns of change. In K. A. Boggiano & T. S. Pittman (Eds.), Achievement and motivation: A social-developmental perspective (pp. 77–114). Cambridge: Cambridge University Press.
Hasselhorn, M. (1989). Lernen und Gedächtnis im Alter: Eine Interpretation neuerer Forschungsbefunde und ihre mögliche Bedeutung für die Erwachsenenbildung. In F. Hasselhorn (Hrsg.), Gestern waren wir Partner: Begegnungen im Umbruch von Kirche und Mission (S. 52–66). Frankfurt/M.: Lang.
Heller, K. A. (Hrsg.).(1992). Hochbegabung im Kindes- und Jugendalter. Göttingen: Hogrefe.
Hirschfelder, D. (2006). Der „Nürnberger Trichter" – Ein Allheilmittel gegen die Dummheit? KulturGUT – Aus der Forschung des Germanischen Nationalmuseums. 8, 3–5.
Hofer, M. (1986). Sozialpsychologie erzieherischen Handelns. Wie das Denken und Verhalten von Lehrern organisiert ist. Göttingen: Hogrefe.
Hoff, E. H. & Grüneisen, V. (1978). Arbeitserfahrungen, Erziehungseinstellungen und Erziehungsverhalten von Eltern. In K. A. Schneewind & H. Lukesch (Hrsg.), Familiäre Sozialisation – Probleme, Ergebnisse, Perspektiven (S. 65–89). Stuttgart: Klett Cotta.
Hollstein, M. (2009). Generationenbarometer – Eltern sind stolz auf die Erziehung ihrer Kinder. Welt Onlinedokument, verfügbar unter: http://www.welt.de/politik/article3527705/Eltern-sind-stolz-auf-die-Erziehung-ihrer-Kinder.html [8.8.2010].
Humboldt, W. v. (1920). Gesammelte Schriften, (Bd. XIII, S. 268). Berlin.
Hüther, G. & Krens, I. (2005). Das Geheimnis der ersten neun Monate. Unsere frühesten Prägungen. (2. Aufl.). Freiburg: Walter.
Iller, C. & Wienberg, J. (2010). „Ältere" als Zielgruppe in der Erwachsenenbildung oder Ansätze einer Bildung in der zweiten Lebenshälfte? MAGAZIN erwachsenenbildung. at, 10.
Jorswieck, E. (1996). Denken. In W. Arnold, H. J. Eysenck & R. Meili (Hrsg.), Lexikon der Psychologie (Band 1, S. 346). Augsburg: Bechtermünz.
Kaiser, A. (2010). Vornamen: Nomen est omen? Vorerwartungen und Vorurteile in der Grundschule. Schulverwaltung. Zeitschrift für Schulleitung und Schulaufsicht. 21(2), 58–59.

Kasser, T. & Ryan, R. M. (2001). Be careful what you wish for: Optimal functioning and the relative attainment of intrinsic and extrinsic goals. In P. Schmuck & K. Sheldon (Eds.), Life goals and well-being (pp. 116–131). Göttingen: Hogrefe.

Kemmler, L. & Heckhausen, K. (1959). Mütteransichten über Erziehungsfragen. Psychologische Rundschau, 10, 82–93.

Kirkpatrick, D. L. & Kirkpatrick, J. D. (2006). Evaluating Training Programs: The Four Levels (3rd ed.). San Francisco: Berrett-Koehler Publishers.

Kirschbaum, S. (1993). Thementrends in der Zeitschrift „Psychologie in Erziehung und Unterricht". Psychologie in Erziehung und Unterricht, 40, 3–8.

Klafki, W. (1970). Der Begriff der Didaktik und der Satz vom Primat der Didaktik (im engeren Sinne) im Verhältnis zur Methodik. In W. Klafki (Hrsg.), Funkkolleg Erziehungswissenschaft (Band 2, S. 53–88). Weinheim: Fischer-Bücherei.

Klauer, K. J. (1989). Denktraining für Kinder I. Ein Programm zur intellektuellen Förderung. Göttingen: Hogrefe.

Knowles, M. (1980). Self-directed learning. A guide for learners and teachers (4th ed.). Englewood Cliffs: Prentice Hall.

Kolland, F. & Ahmadi, P. (2010). Bildung und aktives Altern – Bewegung im Ruhestand. Bielefeld: Bertelsmann.

Konrad, K. & Traub, S. (2010). Selbstgesteuertes Lernen: Grundwissen und Tipps für die Praxis (2. Aufl.). Hohengehren: Schneider.

Kraler, C. (2005, März). Lehren und Lernen als Kerngeschäft im Bildungsbereich: Qualitätsentwicklung und Nachhaltigkeit. Vortrag auf der BMLFUW Tagung Zukunft durch Bildung: Nachhaltige Perspektiven und Strategien für den ländlichen Raum. Klosterneuburg 29. März 2005.

Krapp, A., Prenzel, M. & Weidenmann, B. (2001). Geschichte, Gegenstandsbereich und Aufgaben der Pädagogischen Psychologie. In A. Krapp & B. Weidenmann (Hrsg.), Pädagogische Psychologie (4. Aufl., S. 1–30). Weinheim: BeltzPVU.

Kruse A. & Rudinger, G. (1997). Lernen und Leisten im Erwachsenenalter. In F. E. Weinert & H. Mandl (Hrsg.), Psychologie der Erwachsenenbildung (S. 45–85). Göttingen: Hogrefe.

Kühn, L. (2005). Das Lehrerhasser-Buch: Eine Mutter rechnet ab. München: Droemer Knaur.

Langfeldt, H.-P. (1989). Das weiß doch jeder! – Oder etwa nicht? Befunde der Pädagogischen Psychologie in der Beurteilung von Pädagogen. Eine experimentelle Studie. Psychologie in Erziehung und Unterricht, 36, 265–274.

Langfeldt, H.-P. (1991). Stellungnahme zur Erwiderung von Giesen und Kloft. Psychologie in Erziehung und Unterricht, 38(2), 156–158.

Lehr, U. (2006). Psychologie des Alterns (11. Aufl.). Wiebelsheim: Quelle& Meyer.

Lewontin, R. C., Rose, S. & Kamin, L. J. (1987). Not in our genes: Biology, ideology and human nature. New York: Pantheon.

Leyendecker, B. & Driessen, R. (undatiert). Erziehungsvorstellungen von jungen Eltern: Wie soll mein Kind einmal werden? Manuskript verfügbar unter http://www.familienhandbuch.de/cms/Erziehungsfragen-Erziehungsvorstellungen.pdf [23.07.2010].

Lohaus, A. & Domsch, H. (2009). Psychologische Förder- und Interventionsprogramme für das Kindes- und Jugendalter. Berlin: Springer.

Lukesch, H. (1998). Einführung in die pädagogisch-psychologische Diagnostik. Regensburg: Roederer.

Maehr, M. L. & Meyer, H. A. (1997). Understanding motivation and schooling: Where we've been, where we are, where we need to go. Educational Psychology Review, 9, 371–409.

Mager, R. F. (1977). Lernziele und Unterricht. Weinheim: Beltz.

Mandl, H., Gruber, H., Renkl, A. (1997). Situiertes Lernen in multimedialen Lernumgebungen. In L. Issing & P. Klimsa (Hrsg.), Information und Lernen mit Multimedia (2. Aufl., S. 167–178).Weinheim: BeltzPVU.

Literaturverzeichnis

Mayr, J. (Hrsg.).(1994). Lehrerin werden. Innsbruck: Österreichischer Studienverlag.
Merz, F. (1996). Lernen. In W. Arnold, H. J. Eysenck & R. Meili (Hrsg.), Lexikon der Psychologie (Band 2, S. 1239). Augsburg: Bechtermünz.
Meyer, W. U. & Butzkamm, A. (1975). Ursachenerklärung von Rechennoten, I. Lehrerattribuierungen. Zeitschrift für Entwicklungspsychologie und Pädagogische Psychologie, 7, 53–66.
Mielke (2001). Psychologie des Lernens. Stuttgart, Berlin, Köln: Kohlhammer.
Mienert, M. & Vorholz, H. (2007). Umsetzung der neuen Bildungsstandards in Kindertagesstätten – Chancen und Schwierigkeiten für Erzieherinnen. bildungsforschung, 4(1). Online-Dokument. Verfügbar unter http://www.bildungsforschung.org/Archiv/2007-01/standards/ [25.08.2010]
Mietzel, G. (2003). Pädagogische Psychologie des Lernens und Lehrens (7. Aufl., Kap. 6). Göttingen: Hogrefe.
Miller, G. A. (1956). The magical number seven, plus or minus two: Some limits on our capacity for processing information. Psychological Review, 63(2), 343–355.
Mönks F. J. & Ypenburg I. H. (1998). „Unser Kind ist hochbegabt". Ein Leitfaden für Eltern und Lehrer. München/Basel: Ernst Reinhardt.
Mueller, C. M., & Dweck, C. S. (1998). Intelligence praise can undermine motivation and performance. Journal of Personality and Social Psychology, 75, 33–52.
Myers, D. G. (2010). Psychology. New York: Worth Publishers.
Neisser, U. (1997). Rising scores on intelligence tests. American Scientist, 85, 440–447.
Nußbeck, S. (2006). Einführung in die Beratungspsychologie. München: Ernst Reinhardt UTB.
O'Connor, T. G., Rutter, M., Beckett, C., Kreppner, J. M., Keaveney, L. & the English & Romanian Adoptees Study Team. (2000). The effects of global severe privation on cognitive competence: Extension and longitudinal follow-up. Child Development, 71, 376–390.
Oerter, R. & Dreher, E. (1995). Entwicklungsaufgaben – ein pragmatisches Konzept? In R. Oerter & L. Montada (Hrsg.), Entwicklungspsychologie (3. Aufl., S. 326–330). Weinheim: Beltz.
Olbrich, J. (2001). Geschichte der Erwachsenenbildung in Deutschland. Wiesbaden: VS Verlag für Sozialwissenschaften.
Ovid (Herausgegeben von Michael von Albrecht).(2010). Metamorphosen (lateinisch und deutsch), Ditzingen: Reclam.
Paivio, A. (1986). Mental representations: A dual coding approach. New York: Oxford University Press.
Pascual-Leone, J. (1983). Growing into human maturity: Towards a metasubjective theory of adulthood stages. In P. B. Baltes & O. G. Brim (Eds.), Life span development and behavior, Vol. 5 (pp. 117–156). New York: Academic Press.
Pätzold, D. (1986). Änderungen von Erziehungszielen in den letzten 10 Jahren? Psychologie in Erziehung und Unterricht, 33, 137–140.
Perrez, M. & Ermert, C. (1999). Intervention. In Ch. Perleth & A. Ziegler (Hrsg.), Pädagogische Psychologie – Grundlagen und Anwendungsfelder (S. 160–169). Bern: Hans Huber.
Piaget, J. (1970). Psychologie der Intelligenz. Zürich: Rascher.
Piaget, J. (1978). Das Weltbild des Kindes. München: Klett-Cotta.
Pohlmann, M. & Zillmann, T. (Hrsg.).(2006). Beratung und Weiterbildung. Fallstudien, Aufgaben und Lösungen. München, Wien: Oldenbourg.
Polanyi, M. (1985). Implizites Wissen. Berlin: Suhrkamp.
Preckel, F. & Brüll, M. (2008). Intelligenztests. Stuttgart: UTB.
Preiser, S. (2009). Pädagogische Psychologie: Psychologische Grundlagen von Erziehung und Unterricht (2. Aufl.). Weinheim: Juventa.
Prenzel, M. (2000). Lernen über die Lebensspanne aus einer domänenspezifischen Perspektive. In F. Achtenhagen & W. Lempert (Hrsg.), Lebenslanges Lernen im Beruf – seine

Grundlegung im Kindes- und Jugendalter. Band 4: Formen und Inhalte von Lernprozessen (S. 175–192). Opladen: Leske + Budrich.
Prenzel, M., Artelt, C., Baumert, J., Blum, W., Hammann, M. & Klieme, E. (Hrsg.).(2008). PISA 2006 in Deutschland: Die Kompetenzen der Jugendlichen im dritten Ländervergleich. Münster: Waxmann.
Pritchard, R. (1990). The effects of cultural schemata on reading processing strategies. Reading Research Quarterly, 25, 273–295.
Ramsey, P. G. (1987). Teaching and learning in a diverse world: Multicultural education for young children. New York: Teachers College Press.
Raven, J. C. (1941). Standardisation of Progressive Matrices, 1938. British Journal of Medical Psychology, 19 (1), 137–150.
Reich, K. (2008). Konstruktivistische Didaktik: Lehr- und Studienbuch mit Methodenpool (4. Aufl.). Weinheim: Beltz.
Renzulli, J. S. (1986). The three-ring conception of giftedness: a developmental model for creative productivity. In R. J. Sternberg & J. E. Davidson (Eds.), Conceptions of giftedness (pp. 53–92). New York: Cambridge University Press.
Resch, K. & Höglinger, M. (2010). Orientierung für ältere Erwachsene: Was aus der Arbeit mit älteren Menschen für die Erwachsenenbildung gelernt werden kann. MAGAZIN erwachsenenbildung.at 10.
Rheinberg, F., Bromme, R., Minsel, B., Winteler, A. & Weidenmann, B. (2001). Die Erziehenden und Lehrenden. In A. Krapp & B. Weidenmann (Hrsg.), Pädagogische Psychologie (4. Aufl., S. 271–356). Weinheim: BeltzPVU.
Ringeisen, T., Buchwald, P. & Mienert, M. (2008). Lehrer-Schüler-Interaktion aus interkultureller Perspektive: Chancen und Probleme für Lehrkräfte. In T. Ringeisen, P. Buchwald & Ch. Schwarzer (Hrsg.), Interkulturelle Kompetenz in Schule und Weiterbildung (S. 25–37). Berlin: Lit.
Rogoff, B. (2003). The cultural nature of human development. Oxford: Oxford University Press.
Röhner, C. (2005). Erziehungsziel Mehrsprachigkeit. Diagnose von Sprachentwicklung und Förderung von Deutsch als Zweitsprache. München: Juventa.
Röhr-Sendlmeier, U. M. & Schumann, A. (1993). Thementrends in der deutschsprachigen Pädagogischen Psychologie – eine Analyse des Lehrangebots seit 1975. Psychologie in Erziehung und Unterricht, 40(3), 199–216.
Rosenthal, R. & Jacobson, L. (1968). Pygmalion in the classroom: Teacher expectation and pupils' intellectual development. New York: Rinehart and Winston.
Rost, D. (Hrsg.).(2001). Handwörterbuch Pädagogische Psychologie. Weinheim: BeltzPVU.
Roth, G. (2003). Fühlen, Denken, Handeln: Wie das Gehirn unser Verhalten steuert. Berlin: Suhrkamp.
Rusch, G. (1987). Erkenntnis, Wissenschaft, Geschichte von einem konstruktivistischen Standpunkt. Frankfurt/M.: Suhrkamp.
Sander, A. (1967). Begabung, Intelligenz, Leistung. Schule und Psychologie, 14, 201–214.
Schaarschmidt, U. & Fischer, A. W. (2000). Bewältigungsmuster im Beruf. Persönlichkeitsunterschiede in der Auseinandersetzung mit der Arbeitsbelastung. Göttingen: Vandenhoeck & Ruprecht.
Schiefele, U. & Penkrun, R. (1996). Psychologische Modelle des fremdgesteuerten und selbstgesteuerten Lernens. In F. E. Weinert (Hrsg.), Psychologie des Lernens und der Instruktion. Enzyklopädie der Psychologie, Themenbereich D, Serie I, Bd. 2 (S. 249–278). Göttingen: Hogrefe.
Schneider, W., Körkel, J. & Weinert, F. E. (1989). Domain-specific memory and performance: A comparison of high- and low-aptitude children. Journal of Educational Psychology, 81, 306–312.

Schröder, E. (1989). Vom konkreten zum formalen Denken. Bern: Huber.
Siebert, H. (2009). Didaktisches Handeln in der Erwachsenenbildung: Didaktik aus konstruktivistischer Sicht (6. Aufl.). Augsburg: Ziel.
Siegler, R. (2001). Das Denken von Kindern (3. Aufl.). München: Oldenbourg.
Silbereisen, R. K. (1986). Entwicklung als Handlung im Kontext. Entwicklungsaufgaben und Problemverhalten im Jugendalter. Zeitschrift für Soziologie der Erziehung und Sozialisation, 6(1), 29–46.
Silbereisen, R. K., Eyferth, K. & Rudinger, G. (Eds.).(1986). Development as action in context: Problem behavior and normal youth development. Berlin: Springer.
Sinnott, J. D. (1984). Postformal reasoning: The relativistic stage In M. L. Commons, F. A. Richards, & C. Armon (Eds.), Beyond formal operations: Late adolescent and adult cognitive development (pp. 298–325). New York: Praeger.
Snow, R. E. (1989). Aptitude-treatment interaction as a framework of research in individual differences in learning. In P. L. Ackerman, R. J. Sternberg, & R. Glaser (Eds.), Learning and individual differences (pp. 13–59). New York, NY: Freeman.
Spada, H. (Hrsg.).(2005). Lehrbuch Allgemeine Psychologie (3. Aufl.). Bern: Huber.
Sponsel, R. (2003). Kindeswohl-Kriterien. Familienrechtspsychologische Abteilung der SGIPT. Eine Serviceleistung der Allgemeinen und Integrativen PsychologInnen und PsychotherapeutInnen. Erlangen IP-GIPT. Online Dokument, verfügbar unter: http://www.sgipt.org/forpsy/kw_krito.htm [1.8.2010].
Staub, F. C. & Stern, E. (2002). The nature of teachers' pedagogical content beliefs matters for students' achievement gains: Quasi-experimental evidence from elementary mathematics. Journal of Educational Psychology, 94(2), 344–355.
Süss, H.-M. (2003). „Culture fair". In K. D. Kubinger & R. S. Jäger (Hrsg.), Stichwörter der Psychologischen Diagnostik (S. 82–86). Weinheim: Beltz.
Tausch, R. & Tausch, A.-M. (1963). Erziehungspsychologie. Begegnung von Person zu Person. Göttingen: Hogrefe.
Textor, M. R. (2006). Familienbildung als Aufgabe der Jugendhilfe. Onlinedokument. Verfügbar unter: http://www.familienhandbuch.de/cms/Familienbildung-Jugendhilfe.pdf [8.5.2010].
Tiedemann, J. & Billmann-Mahecha, E. (2004). Kontextfaktoren der Schulleistung im Grundschulalter. Zeitschrift für Pädagogische Psychologie, 18(2), 113–124.
Tücke, M. & Grude, U. (2001). Entwicklungspsychologie des Kindes- und Jugendalters für (zukünftige) Lehrer. Münster: Lit.
Underwood, B. J. (1996). Gedächtnis. In W. Arnold, H. J. Eysenck & R. Meili (Hrsg.), Lexikon der Psychologie (Band 1, S. 671). Augsburg: Bechtermünz.
Utman, C. H. (1997). Performance effects of motivational state: A meta-analysis. Personality and Social Psychology Review, 1, 170–182.
Vygotzky, L. S. (1978). Mind in society: The development of higher psychological processes. Cambridge, MA, Harvard Business Press.
Wagenknecht, H. (1996). Kognition. In W. Arnold, H. J. Eysenck & R. Meili (Hrsg.), Lexikon der Psychologie (Band 2, S. 1085). Augsburg: Bechtermünz.
Walker, D. A. (1976). The IEA Six-Subject Survey: An Empirical Study of Education in Twenty-One Countries. Stockholm: Almquist & Wiksell; New York: John Wiley & Sons.
Watson, J. B. (1930). Behaviorism. New York: W. W. Norton & Company.
Watzlawick, P. (2010). Wie wirklich ist die Wirklichkeit? Wahn, Täuschung, Verstehen (8. Aufl.). München: Pieper.
Weidenmann, B. (2001). Lernen mit Medien. In A. Krapp & B. Weidenmann (Hrsg.), Pädagogische Psychologie (4. Aufl., S. 415–466). Weinheim: BeltzPVU.
Weidenmann, B. (2008). Handbuch Active Training: Die besten Methoden für lebendige Seminare (2. Aufl.). Weinheim: BeltzPVU.

Weinberg, R. A., Scarr, S. & Waldmann, I. D. (1992). The Minnesota Transracial Adoption Study: A follow-up of IQ test performance at adolescence. Intelligence, 16, 117–135.
Weiner, B. (1975). Wirkung von Erfolg und Misserfolg auf die Leistungen. Bern: Huber.
Weinert, F. E., Schrader, F.-W. & Helmke, A. (1990). Educational expertise: Closing the gap between educational research and classroom practice. School Psychology International, 11, 163–180.
Wild, K.-P. & Schiefele, U. (1994). Lernstrategien im Studium: Ergebnisse zur Faktorenstruktur und Reliabilität eines neuen Fragebogens. Zeitschrift für Differentielle und Diagnostische Psychologie, 15, 185–200.
Winner, E. (1996). Gifted children – Myths and realities. New York: Basic Books.
Wippich, W. (1984). Lehrbuch der angewandten Gedächtnispsychologie. Bd. 1, Stuttgart, Kohlhammer.
Wottawa, H. & Thierau, H. (2003). Lehrbuch Evaluation (2. Aufl.). Bern: Hans Huber.
Yerkes, R. M. & Dodson, J. D. (1908). The relation of strength of stimulus to rapidity of habit-formation. Journal of Comparative Neurology and Psychology, 18, 459–482.
Zimbardo, P. G. & Gerring, R. J. (2004). Psychologie (16. Aufl.). München: Pearson Studium.
Zimmerman, B. J. & Martinez-Pons, M. (1986). Development of a structured interview for assessing student use of self-regulated learning strategies. American Educational Research Journal, 23, 614–628.

Basiswissen Psychologie

Herausgegeben von Jürgen Kriz

Ralf Brand
Sportpsychologie
2010. 155 S. Br. EUR 12,95
ISBN 978-3-531-16699-5

Mark Helle
Psychotherapie und Beratung
2010. ca. 120 S. Br. ca. EUR 12,95
ISBN 978-3-531-16709-1

Margarete Imhof
Psychologie für Lehramtsstudierende
2010. 152 S. Br. EUR 12,95
ISBN 978-3-531-16705-3

Thomas Kessler / Immo Fritsche
Sozialpsychologie
2010. ca. 120 S. Br. ca. EUR 12,95
ISBN 978-3-531-17126-5

Bernd Marcus
Einführung in die Arbeits- und Organisationspsychologie
2010. ca. 120 S. Br. ca. EUR 12,95
ISBN 978-3-531-16724-4

Klaus Rothermund / Andreas Eder
Motivation und Emotion
2010. ca. 120 S. Br. ca. EUR 14,95
ISBN 978-3-531-16698-8

Karl-Heinz Renner / Gerhard Ströhlein / Timo Heydasch
Forschungsmethoden der Psychologie
Von der Fragestellung zur Präsentation
2010. ca. 120 S. Br. ca. EUR 12,95
ISBN 978-3-531-16729-9

Erich Schröger
Biologische Psychologie
2010. ca. 142 S. Br. ca. EUR 12,95
ISBN 978-3-531-16706-0

Thomas Schäfer
Statistik I
Deskriptive und Explorative Datenanalyse
2010. 134 S. Br. EUR 14,95
ISBN 978-3-531-16939-2

Dirk Wentura / Christian Frings
Kognitive Psychologie
2010. ca. 120 S. Br. ca. EUR 12,95
ISBN 978-3-531-16697-1

Matthias Ziegler / Markus Bühner
Grundlagen der Psychologischen Diagnostik
2010. ca. 120 S. Br. ca. EUR 14,95
ISBN 978-3-531-16710-7

Erhältlich im Buchhandel oder beim Verlag.
Änderungen vorbehalten. Stand: Juli 2010.

www.vs-verlag.de

VS VERLAG

Abraham-Lincoln-Straße 46
65189 Wiesbaden
Tel. 0611.7878-722
Fax 0611.7878-400

| MIX |
| Papier aus verantwortungsvollen Quellen |
| Paper from responsible sources |
| FSC® C105338 |

If you have any concerns about our products,
you can contact us on
ProductSafety@springernature.com

In case Publisher is established outside the EU,
the EU authorized representative is:
**Springer Nature Customer Service Center GmbH
Europaplatz 3, 69115 Heidelberg, Germany**

Printed by Libri Plureos GmbH
in Hamburg, Germany